Rainer Schimmel

Wie man junge Fußballtalente behutsam, aber erfolgreich aufbaut

Neue Ansätze und Lösungsvorschläge für langfristigen Erfolg im Profifußball

Rainer Schimmel

Wie man junge Fußballtalente behutsam, aber erfolgreich aufbaut

Neue Ansätze und Lösungsvorschläge für langfristigen Erfolg im Profifußball

Rediroma-Verlag

Bibliografische Information der Deutschen Nationalbibliothek:
Die Deutsche Nationalbibliothek verzeichnet diese Publikation in der Deutschen Nationalbibliografie; detaillierte bibliografische Daten sind im Internet über http://portal.dnb.de abrufbar.

ISBN 978-3-96103-666-0

www.rediroma-verlag.de
9,95 Euro (D)

Inhalt

Vorwort

Die Idee zu diesem Buch kam mir durch den Freitod von Robert Enke, der mich tief berührte.

Ab diesen Zeitpunkt beobachte ich, was im Hintergrund eines Vereins vorgeht. Stellenweise tun sich Abgründe auf. Ein Bundesligaverein ist heutzutage gleichzusetzen mit einem mittelständischen Betrieb. Bei Spitzenmannschaften wie Bayern München oder Borussia Dortmund sogar vergleichbar mit einem Konzern. Es gibt viele Investoren und Kapitalgeber, die den Fußball als Trittbrett zur Gewinnmaxmierung sehen.

Schlagworte wie Vereinstreue oder Spielertreue sind ausgestorbene Ethikkodexe von früher.

Auch viele Mentaltrainer und Psychologen bei den Vereinen haben vorwiegend die Aufgabe, die Spieler zu Topleistungen zu bringen, aber nicht unbedingt, sie auf Dauer zu stabilisieren.

Das Befinden des Spielers nach mentaler Dauerbelastung tritt immer mehr in den Hintergrund. Das Wort Ethik ist ein Auslaufmodell. Es geht knallhart um Macht, Geldmaximierung und Erfolg. Die menschlichen Bedürfnisse der Manager, Trainer und Spieler sind dabei Nebensache. Menschliches Fehlverhalten, Handeln nur mit kalter Logik greifen immer mehr um sich.

Den Entschluss, das Buch dann endlich zu schreiben, fasste ich nach der für mich radikalen gefühllosen Art unseres Bundestrainers, wie er mit Götze, Hummels, Boateng und Müller umging, als durch die Blamage bei der WM 2018 ein oder mehrere Sündenböcke gesucht wurden. Hier geht es mir nicht darum, dass er diese Spieler ausgetauscht hat, sondern um das Wie.

Gekränkt und im Stich gelassen, dass diese Spieler, zu denen er bis zur WM 2018 ein offenbar gutes Verhältnis hatte, nicht die nötige Qualität aufbrachten, die WM 2018 erfolgreich zu gestalten, nahm er den Ball auf, als die Presse ihn stark angriff, dass die Mannschaft überaltert und satt ist, und entfernte sie als Sündenböcke aus der Nationalmannschaft, ohne gleichwertige Alternativen zu haben.

Diese mentale Schwäche, mit verdienten Spielern richtig umzugehen, fiel mir bei Jogi Löw das erste Mal auf, als er Michael Ballack ohne jegliches Feingefühl erst als Mannschaftskapitän absetzte und danach aus dem Team entfernte.

Das zeigt, dass dieser Bundestrainer unter Druck zu irrationalen Handlungen neigt und ihm die innerliche Ruhe fehlt. In dieser Phase bräuchte er eine mentale Betreuung, um zur inneren Ruhe und dem inneren Gleichgewicht zurückzufinden. Sein cooles Auftreten bei den Medien ist nur Fassade.

Charakterstark wäre gewesen, nach dem Aus bei der WM zurückzutreten. Da er das nicht tat, hätte der DFB handeln und ihn entlassen müssen. Natürlich mit dem nötigen Anstand und mit Würdigung seiner Verdienste. Auch in vielen Bundesligavereinen wird oft gnadenlos aussortiert, weil der Profit- und Erfolgsdruck einfach zu groß ist.

Daher habe ich eine Trainingsmethode und -systematik entwickelt, um junge Spieler zu schützen und stark genug zu machen, um in dem Haifischbecken Bundesliga keinen mentalen Schaden zu erleiden, aber auch gleichzeitig den Vereinen Handwerkszeug an die Hand zu geben, wie sie ihre Spieler besser schulen, aufbauen und stärken können, damit sie dem Dauerdruck in der Bundesliga standhalten können. Des Weiteren erkläre ich in diesem Buch, auf was man als junger Profi achten sollte, und gleichzeitig, wie man die Trainingslehre in Deutschland verfeinern müsste, damit mehr deutsche Talente und Spieler in unseren Bundesligen (wir haben drei hervorragende Ligen) Fuß fassen, und zwar dauerhaft.

In diesen Buch geht es darum, junge Spieler sorgsam und behutsam mit Anleitung und System aufzubauen, zu festigen und zu stabilisieren. Gleichzeitig werden die qualitativ weniger guten Spieler durch die Systematik rechtzeitig aussortiert, damit sie sich frühzeitig anders orientieren können. Schließlich kann Amateur- und Hobbyfußball das Leben ebenfalls wunderbar ausfüllen. Ziel von mir ist es, dass Profis länger auf hohem Level spielen können.

Als Beispiele von großen Karrieren und mental sehr starken Spielern sind für mich folgende Spieler:

Gerd Müller, der erfolgreichste Torjäger aller Zeiten, schoss mehr Tore, als er Länderspiele gemacht hat.

Uwe Seeler war das Idol meiner Kindheit. Absolute Vereinstreue zum HSV, Bodenständigkeit als flexibler Mittelstürmer zeichneten ihn aus.

Mario Götze ist der beste deutsche Techniker in der Bundesliga. Nach seinem Siegtor im Endspiel der WM 2014 verschwand er als positive Symbolfigur aus der Öffentlichkeit.

Mats Hummels, der Garant und Kopf in der Abwehr bei der WM 2014, ist auch heute noch einer der besten Abwehrspieler der Welt.

Paul Breitner, ein Revoluzzer in seiner Zeit, war bei der WM 1974 ein hervorragender Verteidiger und defensiver Mittelfeldspieler.

Uli Hoeneß ist/war bester Kumpel von Paul Breitner. Er machte Bayern München zur Spitzenmannschaft in Deutschland und überschritt manchmal ethische Grenzen.

Günther Netzer, ein intelligenter, extravaganter, geschäftstüchtiger Fußballer, galt als einer der besten Spielmacher seiner Zeit. Er spielte bei Real Madrid und Borussia Mönchengladbach und führte die wohl beste Deutsche Mannschaft 1972 zur Europameisterschaft. Seine Frisur war oft Streitpunkt in den Medien.

Franck Ribéry war ein hervorragender Techniker und Außenstürmer von Bayern München. Er hat ein besonders gutes Verhältnis zu Uli Hoeneß und gewann mit Bayern das Triple unter Jupp Heynckes. Er ist ein schwieriger Charakter und kam nur bei Bayern zurecht.

Franz Beckenbauer wurde 1974 als Fußballer und 1990 als Trainer Weltmeister und war lange Präsident von Bayern München. Er war ein Weltklassefußballer und der beste Libero der Welt seiner Zeit.

Sepp Meier, WM 1974, EM 1972, der Karl Valentin des Fußballs. Der Urbayer spielte während seiner ganzen Karriere bei Bayern München, war bei hohen Bällen sehr fangsicher und sorgte für viel Spaß unter seinen Kollegen.

Wolfgang Overath, intelligenter Kölner Spielmacher, führte Deutschland 1974 als Regisseur zur WM, war Gegenspieler von Günther Netzer auf der selben Position und blieb immer treu beim 1 FC Köln, auch nach seiner Karriere.

Kapitel 1 – Der Verein

a) Allgemeines

Die meisten Fußballvereine versuchen durch starke Jugendarbeit bereits den Unterbau des Vereins so stark zu machen, dass sogenannte Fußballleistungszentren entstehen – früher waren dies die Fußballinternate, die sich nur große und reiche Fußballvereine (z.B.: Bayern München, Real Madrid, Inter Mailand) leisten konnten.

Heute versuchen bereits Vereine in der 3. Bundesliga Leistungszentren aufzubauen, damit sie durch die Förderung der Jugendlichen bezahlbaren Nachwuchs im Profibereich aufbauen können.

Das Problem bisher war, dass sich die reichen Vereine einfach die gut ausgebildeten Talente für kleines Geld holten. Heute gibt es bereits eine Ausbildungsvergütung, die die Vereine zahlen müssen, die meines Erachtens viel zu niedrig ausfällt.

Mein Vorschlag wäre, dass ein Verein für jedes Ausbildungsjahr (mindestens) eines Jungfußballers 500.000 Euro pro Jahr aus der 1. Bundesliga zahlen sollte. Aus der 2. Bundesliga 250.000 Euro und aus der 3. Bundesliga 100.000 Euro.

Durch diese Mindestablösesummen wird die Ausbildungszeit auch für ärmere Vereine so vergütet, dass sie wirtschaftlicher arbeiten könnten.

Ein weiterer Vorschlag wäre, dass die Vereine darauf achten, die Jungspieler zwischen 16 und 18 Jahren nicht weiter als 150 und 200 Kilometer im Umkreis zu verpflichten, da das eigene Zuhause für den Jugendlichen in dieser Phase noch sehr wichtig ist und den Jugendlichen stabilisiert.

Fußballer aus dem Ausland in diesem Alter (16 bis 18 Jahre) würde ich nicht verpflichten, da das Heimweh alles überlagern wird und die Fortschritte sehr überschaubar sein werden.

Mein Vorschlag wäre, man sichert sich die Rechte und lässt den Spieler noch zwei Jahre in seiner gewohnten Umgebung spielen, wo er in Ruhe menschlich und charakterlich reifen kann und sich wohlfühlt. Entscheidend für sehr gute Jugendarbeit ist das Umfeld in dem sich die Jugendlichen bewegen. Ein Fußballleistungszentrum sollte sich nicht allein um die sportlichen Belange kümmern, sondern auch um den sozialen Hintergrund und um die Weiterentwicklung des Jugendlichen zum Mann. Daher bin ich der Meinung, es sollte außer dem sportlichen Bereich auch der soziale und mentale Bereich eines Jugendlichen abgedeckt werden. Den Mitarbeiterstab eines voll funktionierten Leistungszentrums stelle ich mir folgendermaßen vor:

Je 25 bis 30 Spieler einer Altersgruppe sollten folgende Betreuung bekommen:

einen Chef-Trainer, zwei Heilpraktiker, einen Arzt, zwei Co-Trainer, einen Betreuer allgemein, einen Mentaltrainer, einen Zeugwart, einen Betreuer (Freizeitangebote), einen Sozialpädagogen, einen Busfahrer, einen Koch, einen Ernährungswissenschaftler (wenn das Budget ausreicht).

Die 16 bis 17jährigen Spieler sollten generell zu Hause schlafen und ihr gewohntes Umfeld vorfinden. Die 18 bis 19jährigen Spieler, die im Fußballinternat des Vereines untergebracht sind, müssen auch außerhalb des Trainings geführt und betreut werden. Daher ist es notwendig, dass ein Betreuer Freizeitangebote sucht und diese für die Spieler bucht. Dabei sollte es Muss- und Kann-Freizeitangebote geben. Hier sollte der Verein darauf achten, dass Theaterbesuche, Besichtigungen von Sehenswürdigkeiten, Besuche einer Produktionsfirma usw. auch ein gewisses Level erreichen. Für diese 30 jungen Spieler sollte auch eine Vertrauensperson als erwachsener verantwortlicher Ansprechpartner aus dem Team vorhanden sein. Eine Gruppe sollte aus nicht mehr als zehn Spielern bestehen.

Diese Vertrauensperson sollte sich auch bei **Muss**-Freizeitangeboten jeweils in seiner Gruppe aufhalten, um den Kontakt zu den Jugendlichen zu intensivieren.

Auch sollte der Verein Fahrten zu Kleinturnieren in das nahe Ausland unternehmen, um den Horizont der Jugendlichen zu erweitern. Gemeinsame Fahrten stärken die Kameradschaft und das Zusammengehörigkeitsgefühl.

Vom Trainingsanzug über die Stutzen zu den Fußballschuhen sollte einheitliche Kleidung Vorrang haben, dadurch fühlt sich keiner bevorzugt oder benachteiligt. Der Teamspirit steht im Vordergrund.

Während des Trainings sollte absolutes Handyverbot herrschen, damit die jungen Erwachsenen sich voll auf das Wesentliche konzentrieren können.

Der Verein sollte auf seinem Gelände auch andere Spiel und Sportarten zulassen:

<u>Denksportarten:</u> Schach und Wissensspiele
<u>Für die Konzentration:</u> Boule, Bogenschießen, Darts, Schießen
<u>Für die Schnelligkeit und Gewandtheit</u>: Fechten, Badminton, Squash
<u>Für die Ausdauer</u>: Schwimmen, Langlauf, Fahrradfahren

Allein aus diesen Portfolio kann der Trainer einen Trainingsplan für bestimmte Gruppen entwickeln und ihn in das Fußballtraining integrieren.

Über den Sozialpädagogen sollte der Verein herausfinden, wie weit die Jugendlichen eine Ausbildung, einen Beruf oder ein Studium anstreben und/oder ob sie noch auf der Suche sind. Falls die jungen Erwachsenen nichts tun, sollte der Verein sie dementsprechend pädagogisch motivieren.

Auch sollte im Training generell Deutsch gesprochen werden. Wer es nicht kann, wird dazu gezwungen, es zu lernen, da er sonst bei Absprachen und Taktikschulung im Training und im Spiel immer im Nachteil ist. Da die Spieler aber ehrgeizig sein sollten und weiterkommen wollen, werden sie es auch lernen oder scheitern (ein Ausleseverfahren ist hier ebenfalls sinnvoll).

Es macht großen Sinn, dass zwei Spieler ein Zimmer belegen. Sicherlich sind hier der Sozialpädagoge und der Mentalcoach gefragt, damit die Charaktere auch zusammenpassen und sich gegenseitig motivieren und ergänzen. Dies ist bereits der Beginn von echter Teamfähigkeit.

Der Verein sollte übergeordnete Basisregeln mit festen Zeiten generieren. Der Tagesplan (übergeordnet) kann zum Beispiel wie folgt aussehen und kann und soll je nach Bedarf variabel gestaltet werden:

- Frühstück von
  6.30 Uhr - 07.30 Uhr
- Taktikschulung
  9.00 Uhr - 10.00 Uhr
- Einzelgespräche Mentaltrainer
  10.00 Uhr- 11.00 Uhr
- 1. Training - Krafttraining
  11.00 Uhr - 12.00 Uhr
- Mittagessen von
  12.00 Uhr- 13.00 Uhr
- 2. Training - Schnelligkeitstraining
  14.00 Uhr -15.00 Uhr
- Übungsspiel mit eingespielten Mustern oder Spielzügen
  15.00Uhr - 16.30 Uhr
- Torwarttraining
  15.00 Uhr- 16.30 Uhr
- Auslaufen, Massage, Gymnastik
  16.30 Uhr- 18.00 Uhr
- Abendessen
  18.00 Uhr- 19.00 Uhr
- danach freie Zeit bis 23.00 Uhr.
- Ab 23.00 Uhr Schlafenszeit mit Kontrollgängen des Betreuerteams.

Gut wäre es, wenn es einen sogenannten Hausvater bzw. eine Hausmutter gibt, vor denen die jungen Leute Respekt und zu denen sie Vertrauen haben.

Der Block, den der Verein festlegen sollte, sind die Essenszeiten, die Regenerationszeiträume und die Schlafenszeiten – alles andere sollte das Trainerteam mit dem sportlichen Leiter festlegen.

In regelmäßigen Abständen sollten die Spieler über den eigenen Reifeprozess (mentale **Stärken**, taktisches Verständnis, Integration, Teamfähigkeit, Verhalten, körperliche und geistige Entwicklung) überprüft werden. Hierzu sollte der Verein im Vorfeld eine Checkliste mit Gewichtung erstellen und über einen monatlichen Test (Durchführung Trainerteam) eines jeden Spielers die Fortschritte mitschreiben und dokumentieren.

Dies Profilentwicklung hilft dabei, bei Defiziten rechtzeitig eingreifen zu können. Ein ausgereifter Spieler (ab 23 Jahren) ist nur noch in Teilbereichen weiterzuentwickeln. Diese Checkliste sollte folgendermaßen aufgebaut sein. Sie teilt sich in vier Teilbereiche, die hinterher zusammengeführt das Profil des Spielers ergeben. Die Teilbereiche sind:

1) Intelligenz, Bildungsstand – soziales Verhalten
2) mentale Belastbarkeit
3) körperliche Belastbarkeit, Ausdauer und Konzentration
4) Talent und fußballerische Fähigkeiten

Jeder Teilbereich wird separat von einem Team gesteuert und bewertet. Die Gesamtpunktzahl wird dokumentiert und in einer Leistungsskala während der ganzen Ausbildungszeit fortgeschrieben. Die Profile der Spieler werden bei Wechsel der Trainer (andere Altersstufe) dem Nachfolgetrainer fließend übergeben und besprochen.

Beschreibung der Inhalte für die Auswertung:

- **Intelligenz** kann man nicht weiterentwickeln aber durch Tests herausfinden, wie schlau der Spieler ist. Der Bildungsstand hat nur teilweise mit Intelligenz zu tun. Wenn einer belesen ist, kann er einen seinem Intellekt angepassten Bildungsstand erreichen, der dann tatsächlich höher sein kann als bei einem sehr intelligenten, aber interessenlosen Müßiggänger. Einen Intelligenztest kann man durchführen, indem der Jungprofi eine komplizierte Mathematikaufgabe in einer vorgegeben Zeit lösen muss – oder ein inhaltlich schwieriges Buch liest und eine Woche später eine komprimierte Zusammenfassung wiedergibt.

- **Bildungsstand** abfragen über Nobelpreisträger, Autoren, Rechnungsarten: Prozentrechnen, Bruchrechnen, Gleichungen, Dreisatzfragen, über Geografie, über Geschichte, vorzugsweise Deutsche Geschichte, Politiker in Deutschland, Biologie, Chemie- und Physik-Grundwissen – dies kann man als Prüfung vorbereiten und bewerten oder in Gesprächen geschickt einbauen

❖ **soziales Verhalten** wird der Sozialpädagoge und der Mentalcoach erkennen, wie die einzelnen Spieler miteinander umgehen und wie sie sich mit ihrem Zimmermitbewohner verstehen. Auch in der Spielweise (selbstsüchtig oder teamorientiert) wird der Trainer erkennen, zu welcher Kategorie jeder einzelne Spieler gehört. Dies ist auch ein wichtiger Faktor für das Spielsystem, um zu erkennen, wen kann ich mit wem zusammenspielen lassen oder welche Spieler passen gut zusammen oder eher nicht.

❖ **Mentale Belastbarkeit** sollte sich bei Jungprofis durch die Erfahrungswerte, die sie in kritischen Situationen machen, immer mehr steigern und weiterentwickeln. Dies passiert auch normalerweise bei einer Standardentwicklung. Aber sehr oft finden wir hochtalentierte Fußballer mit einem schwachen sozialen Umfeld, die bei der Mentalentwicklung begleitet werden sollten, um eine dauerhafte mentale Stabilität zu erreichen. Diese oft hochsensiblen Spieler bedürfen des Einzelcoachings während ihrer ganzen Entwicklung und Ausbildung als Jungprofi. Jede Belastbarkeit, die die Spieler durchmachen, sollte generell mitgeschrieben und am Ende des Jahres (Saison) ausgewertet werden. Hier ist darauf zu achten, dass die Spieler nicht miteinander verglichen werden, sondern die Entwicklung jedes Einzelnen zu dokumentieren ist.

❖ **Körperliche Belastbarkeit** sollte dosiert durchgeführt werden und individuell auf das Leistungsvermögen jedes einzelnen Spielers ausgelegt werden. Frühschäden durch Überlastungen beim Training führen zu Spätschäden und Invalidität bei Profisportlern. Daher ist es wichtig, dass Trainer und Mentalcoach darauf achten, dass der Ehrgeiz der Spieler auf das richtige Maß gebremst wird. Leistungsvergleiche müssen und sollen hier durchgeführt werden, um die belastbarsten Spieler aufzustellen – aber auch um die Weiterentwicklung jedes einzelnen Spielers zu dokumentieren.

❖ **Ausdauer** ist ein sehr wichtiges Kriterium für einen Profi. Hält sein Körper ohne großen Abfall die 90 Minuten durch, ist er auf dem richtigen Weg. Viele Spiele werden erst in den letzten Minuten entschieden. Die Kraft für einen schnellen Konter oder für den Sprint zurück, um ein Tor zu verhindern, ist dann ausschlaggebend für das Ergebnis. Daher sind Belastungstest und Ausdauertests ein sehr wichtiger Bestandteil, um die Steigerung der Sportler zu dokumentieren bzw. zu gewährleisten.

❖ **Konzentration** ist der entscheidende Faktor in einem Fußballspiel. Der Spielaufbau mit sauberen wohldosierten Pässen spart sehr viel Kraft und zwingt die gegnerische Mannschaft, mehr zu laufen und Kräfte zu verschwenden. Wichtig ist vor allem, die Konzentration bis zum Schluss hochzuhalten. Das geht nur, wenn die Ausdauerwerte stimmen und der Spieler sich seine Kräfte richtig eingeteilt hat. Die Kraft des eigenen Körpers spielt dabei auch eine wesentliche Rolle. 90% der Spiele werden in der Endphase des Spiels entschieden. Es gewinnt meistens die Mannschaft mit dem besseren Kopf und der besseren Einstellung.

❖ **Talent** ist nicht jedem Spieler in die Wiege gelegt worden – ein begnadetes Fußballtalent muss nicht unbedingt ein großer Spieler werden. Denn zum Talent gehören Fleiß, Zweikampfstärke, mentale Stärke, Durchsetzungsvermögen und eine absolute Siegermentalität, um ein großer Spieler zu werden. Spielintelligenz und Spielwitz setzt man generell bei einem Profi voraus.

❖ **Fußballerische Fähigkeiten** werden mehr verlangt, je höherklassig man spielt. Hat man nicht die nötigen Fähigkeiten, fällt man im Laufe der Saison durch das Raster. Spätestens wenn Kraft und Kondition Ende der Saison nachlassen, ist man auf seine fußballerischen Fähigkeiten limitiert. Dann sieht man den Klassenunterschied zwischen den talentierten Spielern und den durch Willenskraft an die Leistungsgrenze gehenden Spielern und kann eine Vorauswahl treffen, wer das nächsthöhere Level erreichen darf.

Wer sucht den richtigen Trainer für den Verein aus bzw. wie findet der Verein den richtigen Trainer?

Entscheidend hierbei ist es, ein realistisches Anforderungsprofil zu erstellen, und dadurch die richtige angepasste Stellenbeschreibung zu entwickeln.

Bereits beim Anforderungsprofil sollte man die eigenen Schwachstellen im Verein berücksichtigen und mit integrieren. Beispiele dafür sind: eingeschränktes Budget für neue Spieler, Gehaltsobergrenze beim Trainer transparent machen, Erwartungshaltung realistisch gestalten, Unruheherde im Verein darstellen, Baustellen im Trainingsumfeld (schlechte Übungsplätze im Winter, kein Kunstrasen vorhanden) klar benennen usw.

Mögliches Anforderungsprofil für einen Bundesliga-Trainer: mindestens 3 bis 5 Jahre Cheftrainer in der 1. oder 2. Bundesliga oder im europäischen

Ausland, qualifizierte Trainerausbildung, Sprachen Deutsch und Englisch gut bis sehr gut in Wort und Schrift, Charakter sollte zum Verein passen, akribischer Arbeiter und Malocher, z.B.: Baumgart, SC Paderborn, oder leicht arroganter, introvertierter intelligenter Trainer wie Nico Kovac bei Bayern München, oder ruhiger und sachlicher, sehr erfahrener Trainer für Kontinuität nach Aufstieg wie Friedhelm Funkel – oder bodenständiger, tief im Verein verwurzelter Trainer wie Urs Fischer bei Union Berlin.

Den Trainer sollte nicht nur eine Person einstellen, sondern mindestens 4 bis 5 Leute sollten darüber debattieren (für und gegen abwägen) und entscheiden.

Ein fähiges Gremium wären: **Vereinspräsident – Sportlicher Leiter – Mentaltrainer – Mannschaftskapitän – vorhandener Co-Trainer bzw. Sozialpädagoge oder Sportpsychologe**

Vorgehensweise: Nach gemeinsamer Erstellung eines Anforderungsprofils und die darauf aufbauende Stellenbeschreibung werden die Kandidaten eingeladen.

Kapitel 2 – Der Trainer

Strukturelle Voraussetzung für gute Jugendarbeit: Es ist wichtig, dass sich bereits die kleinen Kinder (ab 5 Jahren) im Verein wohl- und sich angenommen fühlen. In diesem Alter sollte der Fußball vor allem Spaß machen und als reine Bewegungssportart betrieben werden. Leider kommt es sehr oft vor, dass der Ehrgeiz der Eltern sich störend auf die Entwicklung des Kindes auswirkt. Daher empfehle ich den Bambino- und Jugendtrainern der Kinder, die Eltern hier bereits frühzeitig ins Gebet zu nehmen und über die negativen Auswirkungen des mentalen Druckes auf die Kinder hinzuweisen.

Auf der anderen Seite kann man Eltern sicherlich in den Verein integrieren, wenn der Spaß am Fußball bei Übungen im Vordergrund steht.

Sicher ist, dass der Trainingsaufbau bei Kindern zwischen 5 und 10 Jahren anders aufgebaut und strukturiert werden muss als ab 11 Jahren.

Nachfolgend meine Vorschläge zum Trainingsaufbau ab 5 Jahre bis 15 Jahre:

a) <u>Trainingsaufbau der 5- bis 7jährigen Kinder:</u>

- Schnelligkeits- und Ausdauerübungen durch Spiel mit dem Ball in der Hand

Ein Feld von 20m x 20m wird mit Hütchen abgegrenzt. Ziemlich in der Mitte des entstandenen Feldes steckt man eine Eckfahne in den Rasen. Es spielen mindestens 3 gegen 3. Die eine Gruppe erhält einen Fußball – diese Gruppe sind die Gejagten – die andere Gruppe ohne Fußball sind die Jäger. Die Gejagten müssen versuchen, innerhalb des Feldes den Ball so lange wie möglich in den eigenen Reihen zu halten. Ist ein Gejagter erschöpft und kann den Ball nicht zu seinem Mitspieler abgeben, kann er versuchen, mit dem Ball die Eckfahne zu erreichen, denn da kann er nicht abgeschlagen werden. Es können nur Spieler aus dem Spiel genommen werden, die gerade den Ball besitzen. Wird der Ball verloren, ist der Spieler ebenfalls draußen. Das Spiel dauert fünf Minuten, dann wird gewechselt. Gewonnen hat die Mannschaft, die nach jeweils fünf Minuten die meisten Spieler auf dem Platz hat.

- Steigerung des Spielverständnisses in kritischen Situationen / bzw. optimales Ausspielen von Kontern

2 x 3 Jungs (Stürmer) führen den Ball bis zum Strafraum – auf der anderen Seite stehen nur 2 Abwehrspieler. Die eine Gruppe kommt über rechts, die andere Gruppe kommt über links in den Strafraum. Wer von den 2 Abwehrspielern übernimmt welche Gruppe? Greifen die Abwehr-

spieler an oder ziehen sie sich innerhalb des Strafraums zurück? Auf welchen Spieler werden sie besonders achten? Auf den torgefährlichsten, auf den schnellsten oder auf den trickreichsten?

Wie werden die Stürmer die Abwehr überlisten, wer geht rechtzeitig steil und flankt herein, oder wird die Abwehr durch kurzes Kombinationsspiel ausgehebelt. Hier kann man bereits herausfinden, welche Spielintelligenz der einzelne Spieler, ob in der Abwehr oder im Sturm, entwickelt.

- Koordinationsspiel und Technikspiel

Links bzw. rechts muss ein Außenstürmer einen Gegenspieler ausspielen und sofort flanken – die Strafraumspieler dürfen sich den Ball aus der Luft mit einer Berührung der Hand optimal vorlegen und müssen sofort abschießen. Der Lerneffekt ist gutes Stellungsspiel bei hohen Bällen, Erfolge beim Abschluss, denn normalerweise sind die 5- bis 10jährigen zu klein für Flanken.

- Spielübersicht entwickeln

Spieler drippeln mit dem Ball auf die gegnerische Abwehr bei einem Konter zu. Der Trainer oder Co-Trainer läuft mit einer 3-Farb-Phasen-Taschenlampe (Rot/Grün und Weiß/Gelb) nebenher und wechselt laufend die Farbe. Der Spieler muss während des Drippelns mit dem Ball die einzelnen Farben dem Trainer zurufen. Der Spieler lernt nicht nur auf den Ball, sondern auch auf das Spielfeld zu achten und kann daher den Ball blind am Fuß führen und rechtzeitig den besser postierten Spieler anspielen.

- Ausdauer steigern

Beim Trainingsaufbau sollte innerhalb des Trainings mehr variiert werden. So gibt es meistens einen Block Spaß (Übungsspiel), einen Block Technik- und Taktik-Schule und einen Block mit Konditionstraining. So könnte man ein Trainingsspiel von vornherein anders anlegen.

Die gegnerischen Mannschaften stellen sich jeweils auf der Torlinie auf beiden Seiten auf. Der Trainer legt mit Abstand von 2 Metern 11 Bälle auf Höhe der Mittellinie (Anstoßpunkt ausgehend). Bei Pfiff des Trainers laufen beide Mannschaften los, um jeweils als erster am Ball zu sein. Die Mannschaft, die die meisten Bälle erobert, startet das Übungsspiel mit einem Elfmeter auf das gegnerische Tor. Jeder Spieler, der ein Foul begeht, muss eine Ehrenrunde um das Spielfeld drehen und kann sich dann wieder in das Spiel einordnen. Meckern wird ebenfalls mit einer Ehrenrunde bestraft.

- Talente fördern, ohne zu bevorzugen

Damit die herausragenden Spieler bereits in jungen Jahren nicht abheben, sollte der Trainer kein

Sonderlob oder eine Bevorzugung des Spielers vor der Mannschaft erteilen. Im Gegenteil, er sollte den oder die Supertalente vor schwierigere Aufgaben stellen (unmerklich) als andere Spieler.

Trainingsspiel um dies zu fördern:

b) Trainingsaufbau 8- bis 10jähriger Kinder

Ab diesem Alter beginnt die Taktikschulung und das Einstudieren von Spielzügen

Beispiel Trainingslehre:

Als Stürmer sollte er 2 Verteidiger ausspielen müssen, bevor er auf das Tor schießen oder flanken darf. Begründen kann man das so, dass es seine Aufgabe im Spiel ist, zu flanken, auch wenn 2 Verteidiger auftauchen.

Anderes Beispiel:

Ein talentierter Mittelfeldspieler (Dribbler) muss sich im Mittelfeld gegen 2 Angreifer durchsetzen und den Pass zum Mitspieler anbringen. Dies wird geübt, bis er es bei 10 Versuchen mindestens 5 Mal schafft. Durch diese Aktionen lernt er schnelles Umschalten und steigert sein Spielverständnis.

Weiteres Übungsspiel:

3 Angreifer versuchen eine 5köpfige Abwehr zu überspielen. Die Abwehr kann man nur überspielen, wenn 2 Stürmer (ohne Ball) kreuzen, der Spielmacher einen passgenauen Lupfer auf einen

Außenbahnspieler passt und der Außenbahnspieler in den Strafraum flankt, in dem sich die 2 Spieler ohne Ball in Position bringen.

Dieser Spielzug sollte bei taktischen Schulungen als Konterfußball gelehrt werden. Da die Verteidiger in der Überzahl sind, werden sie mit dieser Unterzahlattacke nicht rechnen.

c) Trainingsaufbau 11- bis 15 jähriger Jugendlicher

Ab diesem Alter muss der Trainer eine disziplinierte Spielordnung verfolgen und durchsetzen. Die jungen Spieler sind in der Vorpubertät/Pubertät.

Gleichzeitig ist es wichtig, in der Zusammenarbeit mit dem Mentaltrainer und dem Sozialpädagogen die richtigen Signale zu setzen und zu geben. Diese Aktionen sollten individuell angesetzt werden, da die Jugendlichen verschiedene Charaktere haben, die sich in dieser Phase mehr und mehr herausbilden.

Durch viel Feingespür der Betreuer kann hier so manches Talent bei der Stange gehalten werden. Eine Vernachlässigung wäre gleichzusetzen mit einem Aussortieren der Jugendlichen.

Mit welchen Maßnahmen kümmern sich die Trainer und das Team in dieser entscheidenden Zeit um den Jugendlichen?

- Einzelgespräche führen

- Druckaufbau vermeiden
- Die Jugendlichen in die richtige Richtung führen
- Positiv beeinflussen aber selbst entscheiden lassen
- Selbstbewusstsein stärken durch Vermeiden von Kritik und großzügiges Verteilen von Lob
- Für alle Probleme der Jugendlichen rechtzeitig da sein und beim Lösen helfend eingreifen, falls der Jugendliche dies möchte
- Durchführen von mentalen Übungen und mentalen Spielen zwecks Stabilität

Welche mentalen Voraussetzungen sollte ein guter Trainer haben?

Bei der Auswahl der Cheftrainer wird leider sehr oft in erster Linie auf den Bekanntheitsgrad geachtet. War ein Trainer bereits ein bekannter Profi-Fußballer, sind seine Chancen deutlich höher, eine Anstellung zu finden, als die eines unbekannten Trainers, der nie höherklassig gespielt hat.

Dieses Auswahlverfahren ist grundsätzlich **falsch.**

Gerade in der heutigen Zeit, in der Vereine im Profibereich wie Wirtschaftsunternehmen funktionieren müssen, um sich bei den hohen Gehältern nicht zu verschulden, denkt man oft, wenn ein

Bundesligaspieler erfolgreich als Spieler war, ist er auch ein guter Trainer.

Entscheidend für einen guten Trainer ist, wie er an die einzelnen Spieler herankommt und wie er sie führt. Wichtig ist das Vertrauen, das jeder einzelne Spieler ihm schenkt.

Schafft der Trainer es, eine psychische und physische Verbindung mit den Spielern aufzubauen und hat die Mannschaft das nötige Talent bzw. ist von den Charakteren richtig zusammengestellt, kann er die Mannschaft und jeden Spieler weiterentwickeln.

Die mentale Stärke eines jeden Spielers fängt im Kopf an und hört im Kopf auf.

Was für charakterliche Eigenschaften sollte ein erfolgreicher guter Trainer mitbringen?

- Ausgeglichenheit und innere Ruhe
- ein bestelltes privates Umfeld
- ein gewisses Maß an Intelligenz und Menschenkenntnis
- Führungs- und Durchsetzungseigenschaften
- Umgehen mit Worten (ausdrucksstark)
- gute Sprachkenntnisse in Deutsch und Englisch
- gehobenen Bildungsstand
- stark im logischen Denken
- analytisches Denken
- flexibles Denken

- positive Aura
- vertrauenswürdig, aber auch respekteinflößend
- teamfähig

Falsche Bewertung bei der Suche nach Trainern

Leider wird ein Trainer oft nur auf die früheren fußballerischen Fähigkeiten und Erfolge hin ausgesucht und es wird überwiegend auf das fußballerische Verständnis und ehemalige Können geschaut. Die Trainingslehre dieser Trainer richtet sich nach ihren erlebten Erfahrungswerten im Training und die Trainingssteuerung geht nach dem reinen Leistungsprinzip und dem offen ausgetragenen Wettbewerb auf dem Trainingsplatz.

Das Ganze kann gut gehen, falls der Trainer eine große Persönlichkeit ist und er mit seiner Ausstrahlung die Jungs in eine erfolgreiche Zeit führt.

Bei einer Krise allerdings ist dieser Trainer auch sehr schnell weg, da er keinen Plan B hat.

Wie sollte ein Trainer mit dem mentalen Druck bei einer sportlichen Krise umgehen?

Der Druck von den Medien und vom Verein wird immer bei einer Krise da sein. Dies sollte einem Trainer klar sein, bevor er diesen Job zu seinem Beruf macht. Steckt die Mannschaft in der Krise, sollte der Trainer ruhig und gelassen bleiben und seine positive Ausstrahlung nicht verlieren. In dieser Phase achtet sein ganzes Team, seine Spieler, sein Sportvorstand alle Mitarbeiter des Vereins, die Fans und auch die Medien auf jede Bewegung, jeden Satz und jede Aussage sowie jede Aktion, die der Trainer anweist.

Daher muss der Trainer bei seiner Familie Kraft tanken, zur Ruhe kommen und seinen täglichen natürlichen Ablauf beibehalten. Gleichzeitig sollte ein Mentaltrainer von außen den Trainer unterstützen und stabilisieren helfen. Von der Hektik und Panik innerhalb des Vereins darf sich der Trainer nicht anstecken lassen.

Hier kommt der von mir entwickelte MOMO-Effekt zum Tragen. Der Trainer reagiert antizyklisch gegenüber dem Verein, den Fans, den Medien.

Wie geht er vor (MOMO-EFFEKT):

- geht der Trainer nun essen, kaut er jeden Bissen doppelt so lange wie üblich
- Er verlängert seine Mittagspause um das Doppelte und spricht in dieser Zeit mit Vertrauenspersonen in seinem Team in harmonischer Runde die nächsten Schritte durch.
- Er spielt zur Entspannung während der Mittagspause z.B. eine Runde Boule, Schach, Doppelkopf, Schafkopf, Skat, Darts oder Fußballtennis. Dies führt zur Entspannung – diese Aktionen allerdings darf er nur mit Menschen durchführen, denen er vertraut und

mit denen eine harmonische Atmosphäre herrscht.

- Während dieser Zeit verzichten alle auf Smartphones und Uhren und lassen das Ganze einfach laufen.
- Besprechungen über heikle Themen mit Spielern werden ohne Zeitlimit durchgeführt. Der Trainer schafft eine vertrauensvolle Atmosphäre und spricht heikle Themen in einem freundlichen Ambiente im Einzelgespräch an.
- kritische Themen in den Gruppengesprächen werden nicht personenbezogen angesprochen, sondern als Fallbeispiel aufgezogen und es wird gemeinsam eine Lösung erarbeitet (nur im Team ist eine Mannschaft wirklich stark!)
- Die ruhige Ausstrahlung des Trainers sollte auf die Spieler überschwappen. Man macht gemeinsam ausgedehnte Spaziergänge im Wald, verliert sich dabei in Grüppchen und spricht Problematiken im Spiel an.
- Wie die Gruppierungen gesplittet werden sollten, steuern Trainer und Mentaltrainer gemeinsam.
- Der Mentaltrainer lehrt das Genießen der Stille des Waldes, die Makrowelt der Insekten oder die Förderung des Genusses von Entspannungsmusik.

- Gemeinsames Musizieren als Bühnenstück, ohne zu sprechen, wird aus dem Stegreif initiiert.
- Auf einen See rudern und sich treiben lassen.
- Eine lange Wanderung auf einen Berg machen, den Ausblick genießen, Brotzeit machen und die Stille der Natur inhalieren.
- Angeln an einem Fluss, Bergsee oder am Meer, angeln an einem Waldsee, die Geräusche des Waldes aufnehmen und die gute Luft des Waldes genießen.
- Musik hören und dabei genussvoll speisen mit der Frau oder Freundin unter Linden, Eichen, im Biergarten oder im eigenen Garten oder mit duften Leuten in der Natur picknicken...
- Eine Sache nach der anderen fertigstellen und dies mit Ruhe und Gemütlichkeit.
- Sauna und schwimmen, auch faul im Freibad liegen entschleunigt uns und gibt uns Entspannung.
- Sich aus Palavern und endlosen Diskussionen lösen bzw. heraushalten.
- Nur gezielt Pressekonferenzen geben und nur auf Fragen antworten, die 100% sicher sind und eine positive Richtung anzeigen.

Wie geht der Trainer bei mentalem Druck mit den Medien richtig um?

In der Zusammenarbeit mit dem eigenen Mediendirektor und dem Mentalcoach filtert man die Journalisten heraus, die den Verein wohlwollend unterstützen und positiv, wertfrei und objektiv über ihn berichten. Generell sollte der Trainer nur auf Fragen antworten, die mit Fußball und dem Kader zu tun haben. Nur Aussagen machen, die zu 100% abgesichert sind. Sich nicht provozieren lassen und damit den eigenen Ruf und den Ruf des Vereins schädigen. Sachlich, ruhig und gelassen vortragen, aber auch Antworten verweigern, falls diese indiskret oder weit weg vom Thema Fußball sind.

Medienvertreter, die nicht serös arbeiten, aus Pressekonferenzen ausschließen oder ignorieren.

Die Gesprächsführung bei einer Pressekonferenz übernehmen, um nichtrelevanten und unangenehmen Themen auszuweichen.

Wie geht der Trainer bei hohem mentalen Druck richtig mit der Vereinsführung um?

Präsident und Sportdirektor sind die direkten Vorgesetzten und auch die Aushängeschilder des Vereins. Sie stehen bei Erfolglosigkeit im Dauerfeuer der Presse. Daher ist es wichtig, dass der Trainer ein besonders gutes Vertrauensverhältnis zu seinen Vorgesetzten hat, um in Krisen von ihnen in der Öffentlichkeit geschützt und gestärkt zu werden.

Ferner ist es wichtig, über interne Probleme der Mannschaft mit dem Sportdirektor (sportlicher Leiter) zu sprechen und gegebenenfalls unpopuläre Maßnahmen abzusprechen.

Wichtig ist auch, die Geschäftsleitung mit ins Boot zu nehmen, damit nach außen alle an einem Strang ziehen. So werden Inhalte von Presskonferenzen im kleinen Kreis im Vorfeld abgesprochen.

Das Ganze hat den Vorteil, dass der Trainer intern ruhig weiterarbeiten kann, er weiß, dass die Führungsebene hinter ihm steht. Dadurch bleibt er stabil und verspürt keinen zusätzlichen Druck.

Alleingänge des Trainers sind in solchen Situationen ein **No Go**.

Wie bringt der Trainer das leckgeschlagene Schiff wieder auf Kurs?

Das Trainerteam startet eine Krisensitzung. Jeder der Teilnehmer des Teams sollte im ersten Schritt (**Brainstorming und später Brainriding**) offen dazu beitragen zu analysieren, was falsch läuft. Dies wird alles auf eine Tafel geschrieben. Danach wird darüber gesprochen, wie es richtig laufen könnte. Auch diese Ideen oder Lösungsansätze werden auf die Tafel geschrieben.

Aus dieser Konstellation wird ein Konzept erstellt, wie man aus der gegebenen Situation kurzfristig, mittelfristig und langfristig herauskommt.

Wichtig ist, es gibt keine Fehlerzuschreibung und es wird ehrlich und offen analysiert. Der Trainer sollte Meinungen und Ratschläge von Nichttrainern annehmen, falls sie sinnig sind.

Der Trainer sollte sich bei positiver Kritik nicht persönlich angegriffen fühlen und sich dann in sein Schneckenhaus zurückziehen.

Auch nach dem Erkennen persönlicher, gravierender Fehler in der Taktik oder Ausrichtung des Teams sollte der Trainer ruhig bleiben und einfach neu ansetzen. Fehler sind dazu da, gemacht zu werden – doch man sollte jeden Fehler nur einmal machen, sonst verpufft der Lerneffekt.

Werden neue Maßnahmen generiert, werden die Belastung und der Druck von dem Trainer fallen bzw. weniger werden.

Beispiele für kurzfristigen Maßnahmen:

- Ein defensiver Mittelfeldspieler geht einen Schritt zurück in die Außenverteidigung, um diese zu stabilisieren, bis der verletzte Stammspieler seine Position wieder ausfüllen kann.
- Um die Torgefährlichkeit zu erhöhen, nimmt man den formschwachen Mittelstürmer he-

raus und ersetzt ihn mit einem kopfballstarken großen Mittelfeldspieler.

- Da die Abwehr sehr löchrig ist, setzt der Trainer einen defensiven Mittelfeldspieler mehr ein und nimmt einen offensiven Mittelfeldspieler raus, alternativ kann er auch nur noch mit einer Spitze spielen.
- Verschiedene Spieler werden mental gestärkt, indem der Mentalcoach sich speziell und täglich individuell um sie kümmert.

Beispiele für mittelfristige Maßnahmen:

- Die Spieleröffnung wird umgestellt – der Trainer ändert die taktische Ausrichtung, indem er für diese neue Spielidee ein anderes System und andere Spieler aufstellt. Diese Variante sollte im Training erst vermehrt geübt werden, um fehlerfrei im Spielbetrieb umgesetzt werden zu können.
- Das Pressing wird verstärkt geübt, deshalb werden schnelle Spieler gesetzt bzw. gesucht und neu in die Stammelf integriert.
- Umstellung auf drei Spitzen und in der Abwehr auf eine Dreierkette. Auch bei dieser Variante sollte lange geübt werden, bis das Spielverständnis automatisiert ist und der Trainer absolut zufrieden ist

Beispiele für langfristige Maßnahmen:

- Der Kader ist für die 1. Bundesliga nicht tauglich und muss in allen Bereichen verstärkt werden. Diese Aktionen dauern und können bis zur Winterpause meistens nur teilweise umgesetzt werden. Realistisch gesehen kann man bereits für die 2. Liga planen und langfristig positive Akzente durch Neueinkäufe setzen.
- Einige Spieler passen vom Charakter nicht in die Mannschaft. In Zusammenarbeit mit dem Mentaltrainer werden die Unruheherde aussortiert und verkauft.
- Spieler sollten nach langer Verletzungspause behutsam körperlich, psychisch und seelisch wieder aufgebaut werden. Der Zeitfaktor darf hier keine Rolle spielen. Erst dann kann der Spieler bei voller Genesung in allen drei Bereichen wieder absolute Leistung bringen. Vorzeitiger Einsatz wäre gleichzusetzen mit Vernichtung von vorhandenen Ressourcen!

<u>Welche charakterlichen Voraussetzungen sollte ein guter Trainer haben oder anders formuliert welcher Trainer passt zu welchem Verein ?</u>

Der Trainerstuhl in den drei Ligen des bezahlten Fußballs ist immer eine vakante Sache. Bei Problemen wird immer erst der Trainer gefeuert –

dies ist auch leichter als eine ganze Mannschaft zu feuern –, obwohl dies manchmal eher angebracht wäre, als das Kollektivversagen allein auf den Trainer zu manifestieren.

Es ist nun einmal der leichteste Weg, um die Massen mit einer schnellen Aktion zu befrieden. Daher ist es sehr wichtig, dass Trainer und Verein sich genau gegenseitig prüfen, ob sie zueinander passen.

Bei der Trainersuche sollte der Verein auf charakterliche Merkmale achten und auch den Background des Trainers genau analysieren und dann alle relevanten Themen ansprechen, die wichtig für die Arbeit des Trainers sind.

Sollte der Trainer das Umfeld des Vereins nicht oder wenig kennen, muss der sportliche Leiter dafür sorgen, dass der neue Trainer einen tiefen Einblick in das Gebilde des Vereins bekommt.

Auch sollte der zukünftige Trainer mit allen wichtigen Leuten im Umfeld bekannt werden, damit er sich einen ersten Eindruck über die Struktur und die Organisation des Vereins bildet und auch die verantwortlichen Leute kennenlernt.

Wir unterscheiden bei der Trainersuche das charakterliche Bild für vier Kategorien von Vereinen, unabhängig, in welcher Liga sie gerade spielen.

a) Große Vereine
b) Mittelgroße Vereine
c) Kleine Vereine
d) Traditionsvereine

a) Große Vereine – Definition

Ein großer Verein hat mindestens 100.000 Mitglieder, ein Stadion von mindestens 50.000 Zuschauern, war mindestens einmal Deutscher Meister und Pokalsieger bzw. gewann einen internationalen Wettbewerb. Spielt auch permanent um die Meisterschaft mit. Z.B. Bayern München, Borussia Dortmund, Schalke 04, 1. FC Köln .

Für diese Spitzenvereine wird folgendes Trainer-Profil benötigt.

Erfahrung: sehr hoch, hat bereits große Vereine mit Erfolg trainiert

Bekanntheitsgrad: hoch, bzw. bereits sehr erfolgreich gewesen

Sprachen: gutes bis sehr gutes Deutsch und Englisch

Alter: nicht relevant

Charakter: starke Persönlichkeit, ausgeglichener Mensch, Führungsstärke, flexibel, intelligent, soziale Kompetenz, strategisches Denken, temporär auch Teamplayer, kooperativer Führungsstil, Durchsetzungsvermögen, gute Menschenkenntnis, positive Aura, positives Denken, Humor, sehr sachlich, Feingefühl für heikle Situationen und

Menschen, hohe mentale Belastbarkeit, Erfahrung in Menschenführung, fördert junge Talente in der U23, beobachtet sie durchgehend, verabredet Trainingseinheiten mit den Profis und talentierte Spieler kommen mit ins Trainingslager der Vollprofis

b) Mittelgroße Vereine – Definition

Ein mittelgroßer Verein hat mindestens 20.000 Mitglieder, ein Stadion von mindestens 30.000 Zuschauern, war mindestens einmal Deutscher Meister und Pokalsieger bzw. nahm mindestens einmal an internationalen Wettbewerben teil und war mindestens fünf Jahre in der 1. Bundesliga spielberechtigt.

Eintracht Frankfurt, 1. FC Nürnberg, Bayer Leverkusen, Hertha BSC Berlin, Union Berlin, Fortuna Düsseldorf, Werder Bremen, HSV, VfB Stuttgart, Hannover 96 usw.

Für diese etablierten Vereine wird folgendes Trainer- Profil benötigt

Erfahrung: hat bereits kleine und mittlere Bundesligisten der 1. und 2 Liga trainiert bzw. gerade seine Trainerstation erfolgreich abgeschlossen

Bekanntheitsgrad: mittel, bekannt bei Fachleuten

Sprachen: gutes bis sehr gutes Deutsch und Englisch

Alter: nicht relevant

Charakter: starke Persönlichkeit, ausgeglichener Mensch, Führungsstärke, flexibel, intelligent, soziale Kompetenz, strategisches Denken, temporär auch Teamplayer, kooperativer Führungsstil ,Durchsetzungsvermögen, gute Menschenkenntnis, positive Aura, positives Denken, Humor, sehr sachlich, Feingefühl für heikle Situationen und Menschen, hohe mentale Belastbarkeit, Erfahrung in Menschenführung erkennt junge Talente und kann sie integrieren (Vaterfigur).

c) Kleine Vereine – Definition

Ein kleiner Verein hat weniger als 20.000 Mitglieder, ein Stadion von 15.000 bis 30.000 Zuschauern. Diese Vereine kommen meist als Aufsteiger aus der 2. Liga und müssen sich noch etablieren. Ihr Jahresbudget ist wesentlich geringer als das der etablierten Vereine.

SC Paderborn, FSV Mainz, SC Freiburg, TSG Hoffenheim, Arminia Bielefeld usw.

Für diese kleinen Vereine oder Neulinge in der 1. Bundesliga wird folgendes Trainer-Profil benötigt.

Erfahrung: hat bereits kleine Bundesligisten der 1. und 2 Liga trainiert bzw. ist gerade mit seiner Mannschaft aufgestiegen

Bekanntheitsgrad: mittel, bekannt bei Fachleuten

Sprachen: gutes bis sehr gutes Deutsch und Englisch
Alter: nicht relevant
Charakter: bodenständig, kennt seinen Verein aus dem „ff", starke Persönlichkeit, ausgeglichener Mensch, Führungsstärke, flexibel, intelligent, soziale Kompetenz, strategisches Denken, absoluter Teamplayer, autoritärer und kooperativer Füh rungsstil kombiniert. Durchsetzungsvermögen, gute Menschenkenntnis, positive Aura, positives Denken, Humor, sehr sachlich, klare eindeutige Ansagen, Feingefühl für heikle Situationen und Menschen vorhanden, hohe mentale Belastbarkeit, Erfahrung in Menschenführung, erkennt junge Talente und kann sie integrieren (Vaterfigur)

d) Traditionsvereine - Definition

Traditionsvereine sind Vereine, die seit der Einführung der Bundesliga (1963/1964) eine tragende Rolle in der 1. Bundesliga spielen und die Bundesligageschichte mitgeprägt haben. Einige dieser Vereine spielen in untergeordneten Ligen, was aber an ihren Status nichts ändert.

Beispiele: 1860 München, Kickers Offenbach, Rotweiß Essen, MSV Duisburg, 1. FC Kaiserslautern, Eintracht Braunschweig

Sowie in der 1. und 2. Bundesliga:

Bayern München, 1.FC Nürnberg, Fortuna Düsseldorf, Schalke 04, Borussia Dortmund, Borussia

Mönchengladbach, Hertha BSC Berlin, HSV Hamburg, St. Pauli

Trainerprofil:

Erfahrung: hat bereits mindestens einen Traditionsverein der 1., 2. oder 3. Bundesliga erfolgreich trainiert

Bekanntheitsgrad: sollte einen guten Ruf haben und bei dem Traditionsverein gut bekannt und akzeptiert sein, vor allem von den Fans

Sprachen: gutes bis sehr gutes Deutsch und Englisch

Alter: nicht relevant

Charakter: sehr bodenständig, ehrlich, kennt seinen Verein aus dem ff, Persönlichkeit, ausgeglichener Mensch, Führungsstärke, intelligent, soziale Kompetenz, strategisches Denken, absoluter Teamplayer, Kumpeltyp, bevorzugt kooperativen Führungsstil, Durchsetzungsvermögen, gute Menschenkenntnis, positive Aura, positives Denken, Humor, sehr sachlich, klare eindeutige Ansagen, Feingefühl für heikle Situationen und Menschen vorhanden, hohe mentale Belastbarkeit, Erfahrung in Menschenführung, erkennt junge Talente und kann sie integrieren (Vaterfigur)

Welche grundsätzlichen Voraussetzungen sollte ein Trainer haben, der 17- bis 23 jährige Jungprofis trainert ?

Er sollte gerne mit jungen Spielern trainieren wollen und wissen, wie sie ticken. In der Gegenwart ist es nun einmal so, dass eine Generation bei nur mehr 10 Jahren liegt und daher sich die Trainer immer neu einstellen sollten, ja, müssen, um erfolgreich trainieren zu können.

Bei diesen Jahrgängen geht es überwiegend um die Weiterentwicklung der Spieler (geistig, körperlich und seelisch). Dass sie der Trainer fußballerisch weiterentwickeln sollte, ist für jeden Fußballfan selbstverständlich.

Aber der Trainer sollte bereit sein, auch im Bildungsbereich einen Reifeprozess des jungen Spielers anzuregen und später festzustellen.

Dass der Spieler sich körperlich weiterentwickelt, liegt bereits in der Natur der Dinge (Wachstum bis 23 Jahren – natürlicher Prozess), aber auch hier sollte der Trainer unterstützend eingreifen, damit die Dosierung der Trainingseinheiten die Gesundheit der Spieler nicht angreift. Der Trainer sollte den Spieler auch mental unterstützen, damit er die innere Ruhe und Sicherheit sowie das Selbstbewusstsein entwickelt, um in seinem Beruf erfolgreich zu sein. Gute Menschenkenntnis, Vaterfigur bzw. als Vertrauensperson anerkannt zu werden, gibt den Trainern gerade bei jungen Spielern, die Möglichkeit positiv Einfluss auf seinen Werdegang als Mensch und Spieler zu nehmen.

Daher ist es gerade für Trainer wichtig, mit Mentaltrainern zusammenzuarbeiten, da diese das Know-how haben, wo man bei Jungspielern ansetzen sollte, um etwas zu verbessern bzw. zu verändern.

Die meisten Trainer haben hohe Defizite im Bereich der Mentalschulung, da sie nur in taktischer, konditioneller und körperbetonter Schulung ausgebildet sind.

Ein gesunder Mensch mit gesundem Körper, Geist und Seele ist auch von der Basis her mental stark ausgebildet und benötigt keine mentale Unterstützung. Die Probleme fangen erst nach einer körperlich langwierigen Verletzungsphase an. Die alte Bestform wird in der vom Verein geforderten Zeit nicht erreicht oder der Spieler findet nach einem menschlichen Schicksalsschlag (z.B. Tod eines nahen Verwandten, Trennung von Ehefrau/Freundin) nicht schnell genug wieder in seine gewohnte Form. Ein weiterer Grund kann sein, dass der Spieler lange Zeit am Limit gespielt hat und plötzlich kraftlos und ausgepowert ist und nicht weiß, warum.

Hier gibt es Schlüsselprogramme von Mentaltrainern, die die Selbstheilungskräfte der jungen Sportler anregen und die Problematik meist mittelfristig beheben. Zusätzlich würde er Schaden (Geist, Seele und evtl. auch Körper) an dem jungen Menschen verursachen, der nicht mehr zu heilen bzw. zu reparieren ist.

Des Weiteren sollte der Trainer klar in seiner Gestik und Ausdrucksform sein, um seine Botschaften und Anweisungen deutlich rüberzubringen.

Auch in der Trainingsmethodik sollte eine klare Handschrift zu erkennen sein, damit die jungen Spieler früh ihren fußballerischen Weg erkennen und ihre Leistungsgrenzen ausloten können.

Es ist also notwendig, Spielzüge lange zu trainieren und einzustudieren – damit Mechanismen entstehen, die der Spieler im Unterbewusstsein zeitnah, je nach Spielsituation, abrufen kann. Dazu benötigt der Trainer innere Ruhe und Geduld. Hat er dies nicht, wird sich die Unruhe auf die Spieler übertragen und der Erfolg ist gefährdet.

Auch ist es wichtig, dass der Trainer bei gelungenen Aktionen positive Zeichen setzt (Lob, einen Tag trainingsfrei, erweitertes Freizeitangebot usw.)

Bei schwierigen Charakteren ist es notwendig, dass der Trainer den sozialen Hintergrund des Spielers studiert – sich mehr um diese Spieler persönlich kümmert, um sie auf den Weg zu bringen. Auch hier kann der Mentalcoach eine wichtige Rolle spielen und Zuführarbeit leisten. Ein regelmäßiger Austausch mit anderen Trainern gibt zusätzlich Spielraum für neue Ideen oder um sein eigenes Spielsystem auf den Prüfstand zu stellen. Ein guter Trainer sollte kritikfähig sein, ohne dass er an Selbstwertgefühl oder Selbstbewusstsein verliert, wenn er die Kritik annimmt.

Die innere Stärke und die Überzeugung von sich selbst muss daher stark ausgeprägt sein.

Sicher ist hier die Gefahr da, dass der Trainer zu sehr in sich selbst verliebt ist und daher alle Ratschläge in den Wind schlägt ...

Das wichtigste ist, mit jedem jungen Spieler eine persönliche Beziehung aufzubauen und so ein gutes Vertrauensverhältnis zu schaffen. Dem erzieherischen Element und der Verantwortung für einen geordneten sozialen Aufstieg sollte und kann sich ein guter Trainer nicht entziehen.

Daher sind ernsthafte Gespräche über den Alltag, den Sinn des Lebens, über Bildung, Politik und Kultur genauso wichtig wie Strategiegespräche über Fußball.

Der Trainer sollte anhand des Bildungsstandes und der körperlichen wie spielerischen Vorstellung Jahr für Jahr eine Weiterentwicklung erkennen und sie festhalten bzw. dokumentieren.

Jeder Trainer der erwachsene Vollprofis trainiert, sollte mindestens 3 Jahre jugendliche Spieler oder Jungprofis im Vorfeld trainiert haben. Es ist ein absoluter Vorteil, wenn ein Trainer Kenntnis hat, wie ein Jugendlicher in der Gegenwart zum Vollprofi wird. Diese Erfahrungswerte helfen maßgebend im späteren Trainerleben bei erwachsenen Spielern. Das Gesamtbild Geist, Körper und Seele spiegelt den Leistungsgrad, in dem sich der Spieler befindet, wider.

Hier verweise ich zur Kontrolle auf das 4-Phasenprinzip, das ich hierfür entwickelt habe und später noch erklären werde.

Kapitel 3 – Der Spieler

Wann sollte der Spieler die Entscheidung treffen, Profi zu werden?

Ob ein Spieler letztendlich Profi wird, hängt von verschiedenen Kriterien ab. Zum einen sollte mindestens ein Verein der 1. bis 3. Liga Interesse haben, ihn zu verpflichten. des Weiteren sollte der Spieler in seinen Körper hineinhorchen, ob er die Dauerbelastung Bundesliga verkraftet, da die Regenerationszeiten stellenweise sehr kurz sind. Auch sollte er sich hinterfragen, ob er eine professionelle Einstellung mitbringt. Des Weiteren sollte er nach wie vor trotz Dauerbelastung Spaß am Fußball haben. Trifft er die Entscheidung allein? Die Entscheidung, Profi zu werden, sollte er mit seiner Familie absprechen. Auch dem Trainer und eventuell dem Manager sollte ein Mitspracherecht eingeräumt werden.

Welche Gefahren bestehen, falls man diesen Weg beschreitet?

Der Spieler sollte sich darüber im Klaren sein, dass er als Sportler auf viele Sachen verzichten muss, die andere junge Männer ohne schlechtes Gewissen genießen können (Diskothekenbesuche, Alkohol, andere Sportarten betreiben wie Ski fahren, Essen, worauf man Lust hat, die Wochenenden ausschlafen usw.). Der Spieler sollte auch gewappnet sein, dass er nach einer schweren Verletzung Sportinvalide werden kann. Auch kann es sein, dass er die Dauerbelastung nicht aushält und einen Burnout erleidet oder, schlimmer, unter schweren Depressionen leidet. Es kann auch sein, dass er letztendlich doch nicht gut genug ist für die Bundesligen.

Worauf muss der Spieler achten?

Der Spieler muss sich in einem Team anpassen und seine Position finden. Er muss gesund leben und sollte nicht rauchen und keinen Alkohol trinken. Disziplin, vor allem Pünktlichkeit beim Training, sind wichtige Kriterien. Ehrgeiz und Willensstärke sind Voraussetzungen, um sich durchzusetzen.

Wem kann ich vertrauen?

Der Spieler sollte lernen, den richtigen Leuten zu vertrauen. Da die Jungprofis verhältnismäßig viel Geld verdienen, sind die Verlockungen groß, es sinnlos zu verschleudern und ein sorgloses Lotterleben zu führen. Ein guter Manager oder die Familie sollte ihn in Geldfragen beraten, um bereits in jungen Jahren Geld zur Seite zu legen.

Wie finde ich den richtigen Verein?

Ist man ein sehr talentierter und guter Spieler, kommen die Vereine durch ihre Spielerbeobachter auf den Spieler zu. Viele andere Spieler werden von der Familie im ersten Schritt betreut (Vater, Bruder) oder bereits von Spielervermittlern. Bei der Auswahl des Vereins sollte der Spieler nicht nur auf das Geld achten, sondern darauf, welchen Status er im neuen Verein haben wird (Ergänzungsspieler, Stammspieler, Kaderspieler, Perspektivspieler).

Benötige ich mit 18 Jahren bereits einen Manager?

In der heutigen Zeit ist dies notwendig, um das Optimale aus einer möglichen Karriere frühzeitig herauszuholen.

Wer hilft mir auf meinem Karriereweg?

Der DFB zum Beispiel mit seinen Jugendmannschaften, der eigene Verein, indem er den Spieler prägt und ausbildet, Fußballschulen bzw. Sportgymnasien, die Eltern, ein Mentaltrainer, den der junge Spieler selber bezahlt und der ihn bis zur Profireife mental stabilisiert und begleitet. Familie und Freund, Freundin und ein gutes soziales Umfeld.

Wie kann ein Spieler glücklich und entspannt Fußball spielen und trotzdem erfolgreich sein?

Hat ein Spieler ein gutes soziales Umfeld, indem er sich auch einmal fallen lassen kann, wird er sich bei Belastung immer wieder gut regenerieren können. Des Weiteren hilft Abwechslung in der Freizeit, die mit Freunden und Freundin sinnvoll verbracht wird. Auch sollten Betreuer (Mentaltrainer) und private Vertrauenspersonen (Eltern, Geschwister, Frau, Freundin) da sein, wenn sie gebraucht werden.

Wichtig ist, dass der Spieler von seinem privaten Umfeld respektiert, geachtet und entlastet wird und der Spieler sich mit all seinen Schwächen und Stärken voll akzeptiert und liebt.

Was sind Grundvoraussetzungen für einen Profifußballer?
technische Versiertheit, Selbstvertrauen, gute Selbsteinschätzung, Zweikampfstärke, Selbstbewusstsein, Abgeklärtheit, Spielübersicht, Disziplin, Teamfähigkeit, Lernfähigkeit, Kreativität, Eigenwilligkeit, Ballsicherheit, Bodenständigkeit Verantwortungsbewusstsein, Abgezocktheit, Vereinstreue, Ehrlichkeit, Fairness, Zweikampfhärte, Kondition.

Diese Hauptkriterien müssen nicht alle bei einem Spieler vorhanden sein, um ein sehr guter Spieler zu sein. Aber 15 von den 21 Kriterien sollten voll erfüllt werden, um in der Bundesliga zu bestehen. Daher ist es schon für jeden Einzelnen sehr wichtig, Extraschichten zu schieben, um Unzulänglichkeiten auszumerzen.

Hat ein Spieler Freude am Spiel und ist mit sich und seiner Leistung voll zufrieden, läuft es am Platz wie von selbst.

Was kann ein Spieler machen, wenn er großen Leistungsschwankungen unterworfen ist?

Ist ein Spieler in dieser Entwicklungsphase vom Kopf her nicht frei, sollte er sich einen persönlichen Mentaltrainer nehmen, der ihn mindestens 6 Monate kontinuierlich begleitet. Danach können der Mentaltrainer und der Spieler gemeinsam entscheiden, in welcher Intensität die Zusammenarbeit fortgesetzt werden soll.

Sollte eine kontinuierliche Mentalstabilität erreicht sein, reicht es, wenn sich Spieler und Trainer einmal die Woche sehen.

Falls der Spieler es wünscht, kann sein Mentaltrainer dem Cheftrainer ein Profil über seinen Klienten erstellen.

Falls hier keine Vertrauen herrscht, wird der persönliche Mentaltrainer auf Wunsch des Spielers Stillschweigen bewahren.

Optimal für den Spieler läuft es, wenn er ein absolutes Vertrauensverhältnis zu seinem Mentaltrainer aufbaut, so hat er einen Freund an seiner Seite, der gleichzeitig stabilisierend auf ihn einwirkt.

Welche Regeln sollten einen Fußballer als Hausaufgabe bzw. als Handbuch für zu Hause begleiten?

Vorwort

Als Leistungssportler sollst du funktionieren wie ein hochgetunter Sportwagen, und zwar dauerhaft und ohne jeglichen Leistungsabfall.

Nachfolgend zeige ich hier 10 Regeln auf (eigene Studien und 20 Jahre Beobachtung von Leistungssportlern), die bei kompletter Beachtung positiven Einfluss auf dein gesamtes Leben und auch auf dein Leistungsvermögen haben.

1) Ernährung

Dein Frühstück bestimmt deinen Tag mit. Es gibt kein Rezept für die optimale Ernährung, da jeder Körper anders reagiert. Entscheidend ist, dass du isst, was dir schmeckt und bekommt. Wichtig ist, dass du langsam und mit Genuss isst, um deinem Gaumen die Chance zu geben, zu genießen und alle Geschmacksnerven einzubeziehen. Merkst du nun den vollen Geschmack deines Müslis? Schmeckst du die Nüsse, das Joghurt und die einzelnen Früchte heraus? Köstlich, oder?

Dein Mittagessen sollte sich daran anpassen, was du körperlich eine Stunde später leisten musst. So empfehle ich dir bei schwerem Training eine kleine, leichte Mahlzeit einzunehmen. Dein Körper wird sich mit einer gesteigerten Leistungsfähigkeit bei dir bedanken.

Auf Kuchen solltest du ganz verzichten. Du kannst ja das Obst vom Kuchen essen, wenn deine Frau unbedingt mit Dir Kaffeetrinken gehen will.

Am Abend solltest du eine leicht verdauliche Mahlzeit zu dir nehmen.

Du solltest die letzte Mahlzeit spätestens 3 Stunden vor deiner Schlafenszeit einnehmen, da du sonst schlecht einschlafen könntest und sich deine Hüften runden können.

Bei allen Zwischenmahlzeiten beim Training solltest du auf deine Geschmacksnerven, auf deine Augen und dein Bauchgefühl hören, denn Ernährungswissenschaftler sind auch nur Menschen.

Esse langsam und genieße jeden Bissen, kaue deine Mahlzeit richtig durch und lass dir Zeit.

Merke: Kaue einfach doppelt so lange wie bisher und fülle oder verschiebe deinen Bissen in jedem Winkel deines Mundraumes. Der Genuss bringt dich in ein Glücksgefühl.

Iss generell nur das (im Portfolio für Leistungssportler), was dir schmeckt und guttut. Esse mit Genuss und langsam – schlingen ist Genussverlust.

2) Regeneration bei Erschöpfung

Deine Blutwerte sind in Ordnung, die Leistung im Training und auf dem Sportplatz stimmt – aber du fühlst dich danach total ausgebrannt und brauchst ein lange Regenerationszeit, die du aber bisher von Mitspielern, Trainern, Ärzten und Physiotherapeuten gut verstecken konntest. Dich belasten Sachen, die mit dem Sport nichts zu tun haben, die sich aber auf Seele, Geist und Körper legen.

Daher solltest du Atemübungen einlegen – ganz langsam und tief ein- und ausatmen – dabei entspannt liegen oder sitzen – das Ganze 10 Minuten lang – und schon hast du deinen Körper mit mehr Sauerstoff angereichert.

Du solltest dich auf etwas Positives konzentrieren. Unterhalte dich mit deinem Lieblingskumpel beim Trainingsspiel über private, erfreuliche Sachen oder gönne dir ein gutes Buch für deine Seele – leichte Lektüre, Comic, Spaßvideo, lustiger YouTube-Film oder etwas anderes.

Falls du es schaffst, dich **positiv 10 Minuten** auf erfreuliche Dinge zu konzentrieren, entspannt dein Körper, dein Geist und deine Seele. Dein Leistungsindex geht beim Spiel oder Training nach oben und du bist hinterher nicht mehr so ausgepowert. Dies solltest du alle 2 Stunden für 10 Minuten tun.

Ein anderer Tipp: Du kannst auch alle 2 Stunden 10 Minuten schlafen.

Merke: Sind Geist, Seele und Körper nur ansatzweise nicht im Gleichklang, kommt es zu

körperlichen Defiziten. Daher achte auf deine Regenerationszeiten. Auch die Verletzungsanfälligkeit bei Ermüdungserscheinungen der Muskeln ist bei weitem höher.

<u>3) Freizeitgestaltung</u>

Die freie Zeit sollte ein Fußballer harmonisch mit Familie und Freunden verbringen. Wichtig ist bei Freundschaften die Ausgewogenheit. So ist es sehr wichtig, dass gute Freunde auch aus anderen Berufszweigen kommen, um nicht immer über die eigene Sportart zu sprechen – das wäre etwas einseitig. Mit deinen Kindern solltest du so viel Freizeit verbringen, wie es geht.

- ➢ Gehe auf die Bedürfnisse deiner Frau und Kinder ein. Es muss sich in deiner Freizeit nicht alles um Fußball drehen.
- ➢ Entspannen kannst du mit Boule, Schach, Doppelkopf, Skat oder anderen Gesellschaftsspielen.
- ➢ Gehe Pilze sammeln/suchen in der Natur.
- ➢ Gehe mit deinen Kindern auf einen Bauernhof und lass deine Kinder Natur pur spüren: beim Kühe Melken, beim Kartoffeln Ernten, beim Heu Einfahren, beim Traktor Fahren, beim Schweine und Kälber Füttern.
- ➢ Mache ein Picknick im Freien und lasse dein Smartphone im Auto.

- Genieße die Stille des Waldes, das Rauschen der Wellen am Meer oder das Panorama von der Aussicht einer Bergspitze.
- Hast du noch keinen Lebenspartner oder du bist bereits verheiratet und hast Kinder, schaffe dir einen Hund an, der zu dir bzw. zu deiner Familie passt. Sicher musst du dich um ihn kümmern und ihn lieben, aber er zahlt es dir mit Liebe und Treue zurück und er sorgt dafür, dass du mit der Natur in Berührung bleibst und nicht allein bist, er tröstet dich über schwere Zeiten und spürt, wenn es dir schlecht geht.
- Theaterbesuche, Konzerte genießen, einen Baum pflanzen, Gemüse anbauen, basteln, Motorradfahren sind weitere schöne Freizeitgestaltungen.

Merke: Außerhalb deines Sportberufes gibt es noch ein anderes Leben für dich. Achte auf Deine Familie und nutze deine Freizeit zur Erholung von Geist, Körper und Seele. Höre in dich hinein und handle danach.

4) Smartphone

Wenigstens einen Tag solltest du ohne auskommen. Wenn du es nicht mitnimmst, kann dich auch keiner erreichen.

Persönliche Anmerkung dazu: Ich beobachtete einen Mann, der nach seiner Mahlzeit genüsslich eine Zigarre im Biergarten rauchte. Am Nebentisch beschwerte sich ein Geschäftsmann, dass der Rauch dauernd zu seinem Tisch getragen wurde und es ihn belastet, da er gerade esse. Der Zigarrenraucher setzte sich so, dass der essende Geschäftsmann nicht mehr belästigt wurde. Aber was machte der Geschäftsmann? Während der gesamten Mahlzeit telefonierte er und stört alle anderen, auch den Zigarrenraucher. Leider wird das heute nicht mehr als störend empfunden, sondern als normaler Standard.

Dabei ist doch bekannt, dass die Strahlung des Mobiles nicht gesund ist und die dauernde Belästigung anderer Menschen nicht gerade zur Entspannung führt.

Merke: Ohne Smartphone bist Du weniger Sklave deiner Verpflichtungen als mit und schaffst dir zeitweise einen Freiraum von lästigen Verpflichtungen. Des Weiteren achtest du mehr darauf, was um dich herum geschieht.

5) Bodenständigkeit – Kontakt zu deiner Umwelt bewahren

Du bist in der glücklichen Lage, 10 bis 15 Jahre in deinem Traumberuf viel Geld zu verdienen. Dies macht zwar finanziell unabhängig und sorgenfrei, birgt aber die Gefahr, dir eine neues Lebensumfeld zu schaffen. Du verkehrst jetzt vor allem unter Deinesgleichen.

Deine Sportlerkollegen, die ähnlich viel Geld haben und in den selben teuren Lokalen wie du verkehren, reiche Geschäftsleute, Prämiumsponsoren, Politiker, reiche Künstler und Schmarotzer, die dich ausnehmen wollen, sind nun deine ständigen Begleiter. Du fühlst dich erst einmal wohl in dieser Gesellschaft – dabei bist du nur ein temporärer Gast, der dabei ist, solange er Geld hat und in den Schlagzeilen steht.

Du denkst, du bist jetzt oben angekommen. Mit der Zeit wirst du merken, dass diese Freundschaften fast alle oberflächlich sind. Am besten merkst du das, wenn es dir einmal schlecht geht – dann sind sie plötzlich alle verschwunden – außer die Schmarotzer, die noch versuchen, so viel Geld wie möglich aus dir herauszuziehen.

Daher ist es wichtig, bodenständig mit ganz normal arbeitenden Menschen in Kontakt zu bleiben.

Wie machst du das? Falls Du gerne kochst, stehst du an einem Markttag früh auf und besuchst den Wochenmarkt, kaufst dein Gemüse, Obst, Käse, Fisch, Fleisch, Gewürze usw. ein.

Mit der Zeit führst du an jedem Stand einen kleinen Plausch – jeder kennt dich und freut sich auf deinen Besuch. Du bist nun ein Teil des Wochenmarktes. Kommst du einmal nicht, wirst du gleich beim nächsten Besuch gefragt, ob du krank warst oder in Urlaub usw. Du fühlst dich mit der Zeit mehr und mehr angekommen.

Oder du gehst immer zum selben Bäcker oder Metzger, auch diese kleinen Gespräche in den Geschäften sorgen dafür, dass du Bodenhaftung gewinnst und behältst.

Auch beim Joggen allein durch den Wald, beim Pilze Sammeln, beim Gassi Gehen mit dem Hund oder im Schwimmbad bzw. in der öffentlichen Sauna kann man Normalbürger kennenlernen und sich anfreunden. Es geht fast immer über lockere Gespräche. Warum ist das gut? Jeder Mensch braucht wahrhaftige Freunde, mit denen er auch Probleme besprechen kann und die auch zuhören können.

Diese Menschen sind an dir bzw. an deiner Person und weniger an dem Sportler und dessen Leistung interessiert.

Merke: Nur durch Kontakt mit deiner Umwelt, der Natur und deiner Familie entsteht ein Gefühl der Geborgenheit und inneren Sicherheit. Natur und Umwelt im Gleichklang mit dir erzeugt Glückshormone und die Leichtigkeit des Seins.

6) Möglichkeiten der Entspannung nach Dauerbelastung

Stehst du unter Dauerbelastung durch viele Spiele oder Wettbewerbe, ist *nicht* die Zerstreuung das Wichtigste, sondern Entspannung und Regeneration. Falls du Spaß an Wellness hast, solltest du in die Sauna gehen, schwimmen im warmen Wasser oder einen Whirlpool benutzen. Entspannung bei klassischer Musik, Gymnastik, einem guten Buch, einem Waldspaziergang oder im Sommer Nacktbaden in einem See lässt deinen Körper, deine Seele und deinen Geist entspannen. Falls Du Motorradfahrer bist, cruise mit deinem Bike durch die Berge und fühle die Freiheit der Natur. Gehe Zelten oder mache eine Fahrradtour. Du kannst auch deinen Garten pflegen, Gewürze und Gemüse anbauen und dich erfreuen, wie alles gedeiht. Entscheidend ist chillen und genießen.

Du kannst auch Bogen schießen, Billard spielen, boulen oder golfen, entscheidend ist, es macht Spaß und entspannt – gehe nicht in Wettbewerb mit anderen, das erzeugt schon wieder Stresshormone, die du nicht brauchst.

Gib dich nur mit Leuten ab, die dir guttun und die Harmonie fördern.

Merke: Entspannung von Geist, Körper und Seele funktioniert nur, wenn du dich fallen lassen kannst.

7) Abgrenzung von Problemmenschen

Auch Leistungssportler kommen mit Leuten zusammen, die einfach nervig, stressig, unangenehm sind bzw. an einem kleben bleiben. Hier ist es notwendig, sich rechtzeitig verbal – auch wenn es dem anderen wehtut – abzugrenzen, auch wenn man dabei sein eigenes Umfeld einschränkt.

Je eher, desto besser. Darauf achten, dass zum Geben auch Nehmen gehört. Falls du immer nur gibst, ist die Freundschaft einseitig und für dich wenig sinnvoll. Hier ist Achtsamkeit auf sich selber sehr gefragt.

Merke: Ein wirklicher Freund nimmt nicht nur, sondern er gibt auch und zahlt zurück. Echte Freundschaft besteht immer aus geben und nehmen.

8) Die Welt des Sport und des Alltags dürfen nicht kollidieren

Wichtig ist, dass deine Nachbarn und deine alltäglichen Berührungspunkte außerhalb des Fußballs in dein Leben integriert sind. Hier musst du den ersten Schritt machen, da deine Mitmenschen erst einmal Hemmungen wegen deiner Berühmtheit haben werden.

Gehe auf sie zu, benimm dich natürlich, vermeide, über das Geld zu sprechen, das du verdienst, sondern spreche über die täglichen Sorgen des Lebens (der Rasen wächst wie verrückt, die Tulpen kommen dieses Jahr später, meinen Salat haben die Drahtwürmer auf dem Gewissen, oder die Bäckersfrau scheint schon wieder schwanger zu sein usw.). So kommst du durch die gemeinsamen Alltagssorgen in Kontakt mit Menschen außerhalb des Sports.

Merke: Das Leben besteht nicht nur aus deinem Sport und den Menschen, die damit zu tun haben. Um sich später im normalen Leben zurechtzufinden, ist es notwendig, nie den Kontakt zur anderen, der realen Welt bzw. den Menschen zu verlieren.

9) Höre auf Dein Körpergefühl

Dein Körper ist dein Kapital, Deine Geldanlage und einer der 3 Schlüssel für deinen sportlichen Erfolg.

Durch das systematische in Bewegung Setzen Deines Körpers, erlangst du – je nach Beanspruchung – ein anderes Körpergefühl. Dieses „In-sich-rein-horchen“ ist entscheidend für den Abruf Deiner momentanen Leistung. Spürst du ein Zerren, ein Ziehen, Muskelschmerzen durch Überanstrengung oder Dauerschmerzen durch eine Verletzung, solltest du sofort reagieren.

Wie? Indem du regenerierst.

Beispiel: Du hast durch eine Überanstrengung im Training eine Muskelverhärtung – hier hilft zwar eine Massage für den Augenblick, aber die

Ursache ist damit nicht behoben. Beim Trainieren hast du schon gemerkt, dass der Muskel dichtmacht – in diesem Moment musst du aufhören zu trainieren. Leichte Lockerungsübungen und leichtes Auslaufen und sofortige medizinische Versorgung helfen vor Folgeschäden.

Achte daher auf jedes kleine Zeichen deines Körpers – er wird es dir danken.

Merke: Dein Körper ist zwar dein Kapital und du hast ihn an deinen Verein, Club oder deine Sportart ausgeliehen – aber trotzdem solltest du ihn mit Sorgfalt, Respekt und Achtung versorgen. Prävention ist besser als Nachsorge.

10) Partnerschaft – Freundin – Frau – Eltern – Geschwister

Um dein seelisches Gleichgewicht aufrechtzuerhalten und dein Selbstbewusstsein zu fördern, ist es notwendig, dass du mit deiner Familie im Einklang lebst. Vernachlässige nie deine Familie, die du für die Stabilisierung deines Seelenlebens brauchst wie die Luft zum Atmen.

Nur glückliche und zufriedene Spieler bringen dauerhaft Höchstleistungen. Daher wähle deinen Partner sorgfältig aus und triff die richtige Entscheidung. Deine Frau sollte eine gute Seele, einen tollen Charakter und Einfühlungsvermögen für deinen Beruf haben.

Merke: Innere Schönheit ist wichtiger als äußere Schönheit. Deine Frau sollte sich mehr um dein seelisches Gleichgewicht kümmern als um ihre Fingernägel. Treffe daher die richtige Entscheidung und lasse dir Zeit damit.

Nachwort

Hast du Probleme, die Regeln zu beachten, solltest du dir einen Tages- oder Wochenplan erstellen, den du konsequent einhältst.

Falls du das nicht allein kannst, gibt es Sportmentalcoaches wie mich, die dir dabei helfen und dich auch kontrollieren und überwachen, bis es funktioniert.

Kapitel 4 – Das 4-Phasen-Auswahlverfahren

Das 4-Phasen-Prinzip

Entwicklung zum ausgereiften Spieler in 4 Phasen (Zyklen) dauert 7 Jahre und bringt einen mental starken Spieler auf den Markt, der dann 10 Jahre guten Profifußball spielen kann, falls er von schwereren Verletzungen verschont bleibt.

Phase I	(16 bis 17 jährige Spieler)
Phase II	(18 bis 19 jährige Spieler)
Phase III	(20 bis 21 jährige Spieler)
Phase IV	(22 bis 23 jährige Spieler)

Phase 1

Wir gehen davon aus, dass der 16 bis 17jährige Spieler bereits innerhalb der letzten 9 bis 10 Jahre alle Altersstufen im Jugendbereich durchlaufen hat. Über den Status erhält nunmehr der A-Jugendtrainer einen Bericht.

Mit diesem Basiswissen wird nun über den 16 bis 17jährigen jungen Spieler ein mentales Profil erstellt. Inhaltlich geht man folgendermaßen vor:

- Beruf der Eltern
- Bindung zur Familie (Eltern/Geschwister)
- Wie stark ist die Bindung zur Heimat und Freunden?
- sozialer Hintergrund
- soziales Umfeld

- Bildung
- Talente und Neigungen
- Leader oder Mitläufer
- Charaktereigenschaften,
- Anpassungsfähigkeit
- Teamplayer oder Einzelkämpfer
- Vorlieben
- Neigungen
- Verhaltensstudie in Stresssituationen
- Lieblingsposition im Fußball
- tatsächlich eingesetzt in welcher Position
- Fehlverhalten
- mentale Leistungsfähigkeit (Istzustand)
- Die einzelnen Kriterien werden gewichtet und in die nächste Phase fortschreitend mitgenommen.

Phase 2

- Überprüfung des Leistungsstandes von Phase 1
- Wo ist Stagnation eingetreten?
- Wo hat er sich weiterentwickelt und in welche Richtung?
- Wo ist Handlungsbedarf, um zu unterstützen?
- Die Punkte in Phase I werden überprüft und es wird festgestellt, wie weit und wo sich der Spieler weiterentwickelt hat
- Lohnt es sich, hier weiterzumachen oder wird aussortiert?

- Die Entwicklung sollte eine Steigerung von mindestens 15 bis 20% zu Phase 1 X-quer betragen
- Die Ergebnisse werden weiter fortgeschrieben und diejenigen, die sich um mindestens 15% steigern konnten, erleben die Phase 3, alle anderen werden fürs Erste aussortiert

Phase 3

- Überprüfung der körperlichen und mentalen Verfassung beim Training mit Vollprofis
- Durchsetzen oder klein beigeben
- Zeichen setzen oder untergehen
- Steigerung der Fitness um 10 bis 15% gegenüber Phase 2
- konstante Steigerung und Ausmerzen der Schwachpunkte zu 95%
- Ergebnis nach der neuen Steigerung wird fortgeschrieben und steigt auf in Phase 4

Phase 4

- Körperliche, geistige und seelische Entwicklung ist ausgereift (immer in Bezug auf die Sportart)
- Mithalten mit älteren Vollprofis zu 98%, 2% sind fehlende Erfahrung und Cleverness
- Mentale Stabilität ist gegeben.

- Abschließendes Spielerprofil wird geschrieben und dokumentiert
- Die Profireife ist erreicht

Der Erfolg der mentalen Auslese zum Profi tritt nur ein, wenn der Spieler durch einen Mentalcoach durchgehend begleitet und geführt wird. In jeder neuen Phase sollte es zumindest einen Datentransfer von einem Trainer zum anderen geben, um behutsam weiter aufzubauen.

Um den Fortschritt der Spieler zu dokumentieren und um hilfreich einzugreifen, gibt es sogenannte Form-Checklisten für jeden Spieler, die später in einer Leistungsskala grafisch dargestellt werden.

Der Aufbau der 4 Checklisten:
Die Überschriften sehen bei allen 4 Checklisten folgendermaßen aus:

Spielername:
Sozialer Hintergrund der Familie:
Alter:
Beruf der Eltern :
Geschwister, Aufzählung und Alter:
Schulische Bildung:
Probleme mit der Familie:
Allgemeinbildung:

1) Intelligenz, Bildungsstand, Soziales Verhalten

topp, verbessert, stagniert

Spielverständnis
geht auf KVP ein
geht auf's Gymnasium
macht eine Ausbildung
geht auf die Universität
liest Sachbücher
geht ins Theater
geht auf Konzerte
macht alles mit dem Mobile
engagiert sich bei seiner Familie
spendet an Hilfsbedürftige
unterstützt Eltern und Geschwister
unternimmt Studienreisen

Höchstpunktzahl 26

Bewertung:
für topp gibt es 2 Punkte, für verbessert 1 Punkt, für stagniert 0 Punkte. Jedes Jahr wird die Bewertung neu durchgeführt (16 bis 23 Jahre) und daraus eine Leistungsgrafik erstellt.

2) Mentale Belastbarkeit
topp, verbessert, stagniert

Konzentration beim Spiel
Anzahl der Fehlpässe per Einheit
Aggressivität im Zweikampf
geistige Beweglichkeit
Spielverständnis
Aktionen in kritischen Situationen
Siegermentalität
Sensibilität
Belastbarkeit unter Druck
Selbstwertgefühl
selbstbewusstes Auftreten
positive Aura
negative Aura
ausgeglichen
hypernervös
Nervenstärke

Höchstpunktzahl: 64 Punkte

Bewertung:
Für topp gibt es 4 Punkte für verbessert 2 Punkte, Stagnation oder Verschlechterung - 1. Auch diese Bewertung wird jährlich durchgeführt und ist die wichtigste aller 4 Kategorien, daher am höchsten bewertet.

3) Körperliche Belastbarkeit, Ausdauer und Konzentration

topp, verbessert, stagniert

Intervallläufe
Sprints
Zweikampfstärke
Zweikampfhärte
ist im Spiel dauernd in Bewegung
Messgröße km pro Spiel
Ballverluste im Aufbau
Ballverluste im Zweikampf
Konzentrationsprobleme wegen mangelnder Fitness
verliert die Übersicht im Spiel

Höchstpunktzahl: 22 Punkte

Bewertung:
Für topp gibt es 2 Punkte, für verbessert 1 Punkt, Stagnation oder Verschlechterung 0 Punkte

4) Talent und fußballerische Fähigkeiten

topp, verbessert, stagniert

Fallrückzieher
Seitfallzieher

trickreich
saubere Ballführung
no look Pass möglich
Spielübersicht
hält den Kopf immer oben
Spiel gestalten
Schusstechnik
beidfüßig
Kopfballtechnik
Fußballinstinkt
Ballannahme
Ballmitnahme aus der Bewegung

Höchstpunktzahl: 56 Punkte

Bewertung
für topp gibt es 4 Punkte, für verbessert 2 Punkte , Stagnation oder Verschlechterung - 2

Auswertung:
Die gesamt zu erreichende Höchstpunktzahl liegt bei 168 Punkten.
Jede Checkliste wird für sich bewertet. Die Aufgabe der Trainer ist es hier, Verbesserungspotenzial zu erkennen und dementsprechende Schritte einzuleiten. Um mit den Profis mitzutrainieren, muss eine Mindestleistung erreicht werden.
Daher sollte wie folgt bewertet werden.

140 bis 168 Punkte, Kategorie 1, wird topp gefördert.
125 bis 139 Punkte, Kategorie 2, wird gefördert und es wird an den Schwachpunkten gearbeitet.

110 bis 124 Punkte, Kategorie 3, muss sich im nächsten Jahr steigern und mindestens Kategorie 2 erreichen

unter 110 Punkten wird sofort aussortiert

Kapitel 5 – Der Trainingsaufbau mit integriertem Mentaltraining

Vorwort

Viele Trainer haben nach wie vor Probleme mit der Gewaltenteilung und diktieren den Trainingsaufbau als Alleinherrscher. Hintergrund ist sicherlich auch, dass sie den Erfolg nicht teilen wollen und können oder sie ihren Assistenztrainern und Mentaltrainern nicht besonders viel zutrauen.

Bei der Komplexität und dem wirtschaftlichen Stellenwert des Fußballs in der Gegenwart ist eine Alleinherrschaft nur noch möglich, wenn man absoluten Erfolg hat.

Die mentale Verfassung der Spieler ist nach wie vor ein Tabu-Thema, da man alles dem Erfolg unterordnet. Dabei gibt es genügend Beispiele von Spielern mit mentaler Formschwäche, die zur Katastrophe oder beinahe zum Karriereende führten (Beispiele: Robert Enke, Mario Götze, Sebastian Deisler usw.). Daher ist es notwendig, beim Trainingsaufbau mentales Training komplett zu integrieren und nicht nur beim Spieler für eine Momentaufnahme (z.B.: wichtiges Champions-League-Spiel) das Absolute aus den Spielern herauszuholen, wie es in den meisten Vereinen gemacht wird. Dies ist einfach zu kurzfristig gedacht und hat meist negative Folgen. Die Spieler können nach zu langer Anspannung im Hochleistungsbereich in ein mentales Loch fallen.

Der Zuschauer erkennt es, wenn ein bis dahin absolut passsicherer Spieler plötzlich vermehrt Fehlpässe produziert, die er in Normalform im Schlaf spielen würde. Ein anderes Beispiel: Ein Verteidiger gewinnt durch einen Sprint den Ball vor der Auslinie – in diesem Zustand ist er einfach einen Schritt zu spät am Ball und der Ball geht ins Aus.

Wieder ein anderes Beispiel: Einem zentralen, technisch guten Ballverteiler (Mittelfeldspieler) springt bei der Ballannahme vermehrt der Ball vom Fuß und landet beim Gegner.

Diese kleinen Anzeichen der Unkonzentriertheit mehren sich in der Erschöpfungsphase auf verschiedenste Weise bei den unter Dauerdruck stehenden Spielern.

Die meisten Trainer reagieren darauf, indem sie Spieleinheiten intensivieren, in denen solche Fehler passieren. Die Folge davon ist, dass der Spieler noch mehr unter Druck kommt und die Fehler sich durch noch mehr Unkonzentriertheit häufen. Die Reaktion des Trainers ist dann, dass er den Spieler austauscht. Meistens sind in dieser hohen Belastbarkeitsphase mehrere Spieler betroffen, die durch die Intensivität des Trainings vermehrt Fehler machen und auch ausgetauscht werden. Die Folge davon ist, dass das Spielsystem, das vorher in einer eingespielten Mannschaft sehr gut funktionierte, teilweise oder ganz verloren geht.

Der Trainer hat hier die falschen Akzente gesetzt.

Der richtige Ansatz wäre gewesen, einen Mentaltrainer für die in der Leistungskrise befindlichen Spieler extern zu beauftragen und die betroffenen Spieler aus dem normalen Spielbetrieb rechtzeitig herauszunehmen, damit der Mentaltrainer sie wieder an die Standardleistung heranführt. Sicher ist es möglich, dies auch mit einem eigenen Mentaltrainer zu versuchen. Der ist aber meistens Teil des Trainerteams vom Cheftrainer und kann nicht eigenständig sein Konzept durchführen.

Daher ist es wichtig, von außen einen externen Mentaltrainer zu beauftragen, der ohne vorgegebene Trainerplanung die Spieler mit seiner Methodik zurück in den normalen Spielbetrieb führt.

Leider werden die meisten Trainer diese Arbeitsteilung nicht zulassen, da dies eine Gewaltenteilung ist und der Trainer die betroffenen Spieler temporär aus seiner Kontrolle verliert.

Daher ist es notwendig, dass in dieser Phase, um die Spieler zu schützen, der Sportdirektor, der Präsident oder auch der Spielerberater eingreifen sollte, um einen externen Mentaltrainer für die betroffenen Spieler zu beauftragen.

Die meisten Trainer werden bis zum Schluss versuchen, durch Veränderungen im System oder durch Austausch von Spielern ihr altes Spielsystem aufrechtzuerhalten, um zurück in die Erfolgsspur zu kommen.

In dieser Phase ist der Trainer mit einer sogenannten Betriebsblindheit geschlagen, daher sollte der sportliche Leiter eingreifen, ohne den Trainer zu entmachten. Dem Ganzen kann durch den Verein im Vorfeld vorgebeugt werden, indem er zu seinem bereits installierten Mentaltrainer einen externen Trainer hinzuzieht, der im ersten Schritt nur als Beobachter fungiert. Hierfür wird mit dem externen Mentalcoach ein Vertrag abgeschlossen, in dem die Inhalte festgelegt werden.

Der externe Mentalcoach wird die Spieler während des Spieltags und während des Trainings beobachten, Auffälligkeiten dokumentieren und an den Cheftrainer weiterleiten.

Durch diese Maßnahme kann der Cheftrainer bereits in der Entstehungsphase mentaler Krisen diverser Spieler eingreifen und sie vorübergehend aus dem normalen Spielbetrieb herausnehmen. Ferner kann er dann die Regeneration und Stabilisierung der Spieler entweder mit seinem eigenen Mentaltrainer oder in Verbindung mit dem externen Trainer einleiten und durchführen.

Der Vorteil ist, dass die Regenerationszeit bei rechtzeitigem Eingreifen wesentlich kürzer ist als bei zu spätem Erkennen der Problematik des Spielers.

Bei zu spätem Eingreifen entsteht auch eine Gruppendynamik: Die Spieler, die außer Form spielen, ziehen die Spieler, die noch in Normalform sind, mit ihrer Leistung mit herunter auf das niedrige Spielniveau. Die Folge ist eine Serie von Misserfolgen – der Job des Trainers steht zur Disposition.

Spieler, die lange verletzt waren, benötigen generell einen Mentaltrainer, der sie an ihre Leistung sukzessive wieder heranführt. Dafür hat der Cheftrainer im normalen Spielbetrieb keine Zeit und der Mentaltrainer, der verantwortlich für die ganze Mannschaft ist, auch nicht.

Daher sollte der Spieler selbst einen Mentaltrainer anstellen bzw. sein Berater, um schnellstmöglich wieder die erforderliche Leistung zu bringen.

Zeitverlust ist in diesen Fällen tödlich, da Spieler, die lange nicht spielen, auf das Abstellgleis gestellt und dann verliehen oder verkauft werden.

Deshalb fällt der Marktwert des jungen Spielers ins Bodenlose. Ob der Spieler danach wieder in kurzer Zeit einen guten Verein findet, ist mehr als unwahrscheinlich.

Daher sollte das Tabuthema mentale Schwäche nicht vom Verein und den Trainern totgeschwiegen werden, sondern sie sollten sich dieser Situation generell stellen und das Trainerkonzept überdenken. Der ganze Trainingsaufbau sollte daher dementsprechend verändert werden und zwar für alle Vereine. Ein mögliches Konzept werde ich nun vorstellen.

Achtsamkeit

Schon ein jugendlicher Spieler (ab 7 Jahren) muss lernen, auf sich zu achten. Die Achtsamkeit steigert sich dann immer mehr bis zum ausgereiften Spieler.

a) 7- bis 10jährige Spieler

müssen bereits darauf achten, ihre Fußballschuhe zu putzen, sorgsam zu pflegen und darauf achten, dass der Schuh auch mit dem Wachstum mithält.

Weiter sind sie verantwortlich, ihre Stutzen, Kniebeinschoner und ihr Fußballdress zu hegen und zu pflegen und verantwortungsbewusst zu jedem Spiel verfügbar zu haben.

Ferner haben sie darauf zu achten, wenn sie krank oder verletzt sind, dies dem Trainer sofort nach der Feststellung zu melden.

Jeder Spieler sollte mindestens einen besten Freund in der Mannschaft haben, auf den er achtet und umgekehrt.

Dies ist bereits die kleinste Form von Teambildung und förderlich für die weitere Entwicklung des Spielers.

b) 11- bis 13jährige Spieler

sollten alles in Abschnitt a) machen und auf folgende weitere Dinge achten:

Bei Trainingsspielen und Konditionsübungen sollten sie versuchen, bis an ihre Leistungsgrenze zu gehen, um zu erkennen, ob sie im Wettbewerb mit den anderen Spielern und Kameraden mithalten können oder sogar besser sind.

Auch sollten sie in dieser Phase versuchen, Fehler im Spiel, verursacht durch ihre Kameraden, wieder auszubügeln (zeigt Teamfähigkeit) oder bei der Möglichkeit, ein Tor zu schießen, uneigennützig den besser postierten Spieler zu bedienen (zeigt Spielintelligenz und Teamfähigkeit).

Wird ein Spieler gekränkt oder gemobbt, sollte sich der Spieler an eine Vertrauensperson wenden, sonst geht alles in eine falsche Richtung.

Daher ist es wichtig, dass jeder der Betreuer Patenschaften von diversen Spielern übernimmt, die über mindestens eine Saison gehen sollte, um ein Vertrauensverhältnis aufzubauen bzw. zu haben. Kein Spieler sollte ohne Pate sein.

Durch diese Aktionen werden die Jugendlichen gestärkt und fühlen sich abgesichert und geborgen.

c) 14- bis 16 jährige Spieler

In dieser Phase sollten die Spieler alle Punkte in Phase A und B beherzigen. Allerdings ohne dass von außen Druck ausgeübt wird.

Zusätzlich übernehmen hier die Familie und die Paten der Jugendlichen einen sehr wichtigen Part für die Weiterentwicklung der nunmehr pubertären, halbwüchsigen Jugendlichen.

Da die Jugendlichen in dieser Zeit verstärkt das andere Geschlecht entdecken, gleichzeitig ihr Charakter sich in die eine oder andere Richtung verstärkt ausrichtet und die Emotionen sehr oft mit den Jugendlichen durchgehen, sind hier die vertrauten Menschen sehr gefragt.

Wichtig ist es gerade in dieser Phase, von allen Beteiligten so wenig wie möglich spürbaren Druck auf die Jugendlichen auszuüben, sondern lieber Lösungsvorschläge bei Problemen aufzuzeigen, die der Jugendliche dann selber auswählen kann. Dieses indirekte Führen des Jugendlichen hat in dieser Phase die größten Erfolgsaussichten, dass die Jugendlichen in ein geordnetes Leben finden werden.

Durch Druck würde eine Trotzreaktion entstehen, die die Jugendlichen in Aktionen treibt, in denen sie sich und ihrem Umfeld nur Schaden zufügen würden.

Als zusätzlichen Punkt in dieser Phase kämen Disziplin und Einhaltung von gegebenen Versprechen als Vorgaben für die Jugendlichen dazu. An diesen 2 Punkten erkennt der Trainer, ob die Jugendlichen abdriften (vom Fußball) oder das Ganze nach wie vor Ernst nehmen.

d) 17- bis 19jährige Spieler

In dieser Phase sollten die jungen Erwachsenen alle Punkte von a bis c beherrschen und leben.

Nunmehr gilt es, darauf zu achten, wie weit sich der Spieler von seinem Umfeld (Trainer, Betreuer, Paten, Familie) noch beeinflussen lässt.

Der Spieler sollte nun darauf achten, ob die Anweisungen, die die Trainer geben, für sein persönliches Weiterkommen gut sind oder nicht. Macht dem Spieler die Position, auf der er spielt, richtig Spaß oder ist er der Meinung, an anderer Stelle eine bessere Leistung abrufen zu können, wo er sich besser weiterentwickeln kann?

Deshalb ist es wichtig, dass der Spieler mit sich und seinem Körper im Gleichklang lebt und er im Spiel mit individuellen Aktionen herausfindet, dass er in einer anderen Position wesentlich stärker ist.

Der Trainer wird dies erkennen, falls die Aktion von Erfolg gekrönt ist. Daher ist es wichtig, in lebensentscheidenden Phasen sich selbst mehr zu vertrauen als anderen und dadurch seinen Weg zu gehen.

Des Weiteren sollte der Spieler nun seine Stärken noch mehr verstärken und seine Schwächen im Spiel gezielt abbauen. Achtet er darauf und wird ihm das selbst bewusst, findet er den Weg, um die Schwachpunkte zu minimieren. Hierbei kann ihm kein Trainer helfen, da dies eine reine Kopfsache ist. Um dies zu erreichen, sollte der Spieler sich bewusst und selbstkritisch mit seinen Schwachstellen befassen.

Er kann folgendermaßen vorgehen. Er schreibt eine Checkliste, indem er eine Seite mit einer Trennlinie teilt:

Was ist gut bei meiner Spielweise? Was ist schlecht oder verbesserungswürdig?

Wichtig ist dabei, ehrlich mit sich zu sein und in Gedanken die eigenen Spielsituationen wahrheitsgemäß abzurufen und keine Entschuldigungen zu finden. Zum Beispiel: Weil der Mitspieler den Ball verstolperte, kam ich in diese heikle Situation – dieser falsche Eigenschutz bringt den Spieler nicht weiter ...

Nachdem der Spieler so seine Schwachstellen aufgedeckt hat, schaut er sich andere Spieler an, die diese Schwachstellen nicht haben und vergleichbare Spielsituationen exzellent lösen.

Durch Videoanalysen kann man sich das immer wieder anschauen und dann versuchen, dies im Spiel und im Training umzusetzen.

Sicherlich dienen die Trainer hier auch als Unterstützung – wenn man sie gezielt darauf anspricht.

Ferner sollten die Spieler in diesem Alter erkennen, welchem Mitspieler sie in welcher Situation den Ball ohne Problem zuspielen können, da die individuellen Fähigkeiten der einzelnen Spieler sehr unterschiedlich sind.

Das Ganze nennt man Spielintelligenz.

Erkennt ein Spieler dies und hat auch die nötige Technik im Spiel, kann er ein Spiel nach vorne oder nach hinten entwickeln. Allein dieses Bewusstsein verschafft dem Spieler Stärke und Selbstbewusstsein, womit er eine tragende Rolle in der Mannschaft einnimmt.

Er hat seinen Platz im Team gefunden und am wichtigsten dabei ist, dass ihm dies bewusst ist und er damit sein Selbstbewusstsein und seine Selbstsicherheit festigt, was seiner Spielweise und Konstanz im Spiel zugutekommt.

e) 20- bis 23jährige Spieler

Die meisten guten Jungprofis in diesem Alter spielen bereits in der Bundesliga. Die meisten in der 2. und 3. Bundesliga – wenige auch in der 1. Bundesliga.

Dies liegt daran, dass in Deutschland deutsche Spieler sehr behutsam an den Profifußball herangeführt werden und man das Risiko scheut, sie trotz großen Talents in diesem Alter in der 1. Bundesliga einzusetzen. Man vertraut lieber Legionären aus anderen Ländern.

Ob dies richtig ist, müssen andere entscheiden, ich persönlich finde die Vorgehensweise falsch, da dadurch viele Talente deutscher junger Spieler nicht genügend gefördert und gefordert werden, um sich auf hohem Niveau weiterzuentwickeln.

20- bis 23jährige junge Erwachsene sollten vor allem daran arbeiten, körperlich robuster und ausdauernder zu werden. Die Kondition sollte für 120 Minuten reichen, um 90 Minuten volle Power geben zu können. Zweikampfhärte, Durchsetzungsvermögen aber auch mentale Kontrolle stehen nun im Vordergrund.

Viele junge Spieler verletzen andere Spieler durch falschen Ehrgeiz, indem sie den Gegenspieler durch übersteigerten Einsatz gefährden. Dieser falsche Ehrgeiz wird oft durch falsche Trainingslehre hervorgerufen und oft von den Betreuern und Trainern durch Aufstacheln und Puschen von der Seitenlinie gefördert.

Übersteigerte und unkontrollierbare Aktionen sind die Folge ...

Hier liegt es vor allem beim **Trainer, einen Mentalcoach** zu konsolidieren, um **sich selbst in den Griff zu bekommen** bzw. keine Hektik und Anarchie auf den Platz zu tragen.

Die 20- bis 23jährigen Spieler sind mündig und haben ein Mitspracherecht, das sie sich durch stetig gute Leistung erarbeitet haben. Nicht umsonst gibt es einen Spielerrat, über den die Spieler direkt auf die Spielgestaltung Einfluss nehmen können und sollten.

Schließlich ist der Trainer nicht direkt ins Spielgeschehen eingebunden und kann daher nur durch Ein- und Auswechslungen direkt eingreifen.

Also hat jeder einzelne Spieler eine Verantwortung, seine Position wie abgesprochen auszufüllen, damit die Spielidee des Trainers umgesetzt werden kann. Funktioniert die Spielidee nicht, weil der Gegner zu stark oder eine bessere Spielentwicklung hat, ist es auch möglich, vom Kapitän oder Spielerrat dem Trainer Infos zu geben, was man anders machen könnte oder sollte bzw. dass die derzeitige Spielidee nicht durchsetzbar ist. Ein taktisches Umstellen mit einer neuen Spielidee kann dann noch die Wende bringen.

Beherrscht ein Trainer einen kooperativen Führungsstil, haben die Spieler bei einer kritischen Spielentwicklung schneller Zugang zu ihm.

Des Weiteren kristallisieren sich in diesem Alter die Führungsspieler und die Mitläufer klar heraus.

Jede Mannschaft sollte mindestens einen Leitwolf haben, der sich gegen Niederlagen mit herausragenden Leistungen stemmen kann und seine Mitspieler mitreißen kann. Es ist Aufgabe der

Trainer und Mentaltrainer, die Grundanlagen dieser Spieler zu erkennen und zu fördern.

Die richtige Mischung zwischen Leitwölfen, Spielmachern und „Soldaten“ machen eine gute Mannschaft aus.

Leitwölfe sind meistens sehr extrovertiert veranlagt und wenig angepasst. Sie sind Einzelgänger mit großer mentaler, natürlicher Stärke. Es ist die Kunst der Trainer, mit Fingerspitzengefühl diese Eigenschaften zu fördern **und nicht durch autoritären Führungsstil zu unterbinden,** denn die Trainer sollten alle Spieler individuell behandeln, ohne das ganze Spielsystem oder die eigene Taktik in Frage zu stellen.

Die Spielmacher einer Mannschaft haben hohes technisches Vermögen und den Blick und die Übersicht für geniale Spielzüge des eigenen Teams. Diese Spieler ragen heraus durch eine schnelle Auffassungsgabe der aktuellen Spielsituation und werden dementsprechend die Spielzüge einleiten. Ein Spielmacher kennt die Laufwege aller Mitspieler und weiß, wem er in welchem Moment und wie den Ball zuspielen muss bzw. sollte. Wird ein Spielmacher vom Gegner aus dem Spiel genommen, kippt meistens das Spiel. Ein Spielmacher ist einer der verlängerten Arme des Trainers auf dem Spielfeld. Er ist derjenige, der die Spielidee des Trainers am meisten verinnerlicht hat und am besten umsetzen kann.

Daher ist er auch erster Ansprechpartner für den Trainer, wenn es nicht so läuft wie abgesprochen oder geplant.

Das Vertrauensverhältnis zu diesen Schlüsselspielern muss sehr hoch sein. Hat der Trainer den Zugriff verloren, wird die Mannschaft meistens verlieren.

Auch hier kann der mentale Trainer helfen, um das Verhältnis zwischen Spielmacher und Trainer zu steigern bzw. zu fördern. Gerade junge Spieler nehmen sich in diesem Alter Kritik, und wenn sie noch so sachlich ist, sehr zu Herzen und können ihre mentale Stabilität verlieren. Zu viel Kritik führt zu Verunsicherung und mentaler Instabilität. Da sich Trainer oft in Rage reden, sollte hier der Mentaltrainer unterstützend eingreifen. Was gut gemeint ist, kommt sehr oft überhaupt nicht gut an.

Die Perspektive von Trainer und Spieler ist eine völlig andere. Dies vergisst der Trainer sehr oft, weil er der Meinung ist, der Spieler hat seine eigenen Fehler erkannt, und die werden vom Trainer nur noch einmal in vollem Umfang analysiert.

Es kommt auch anders an, wenn der Trainer ein Vier-Augen-Gespräch führt, als wenn er den Spielmacher vor der ganzen Mannschaft kritisiert.

Der Tormann hat auch ein spezielles Verhältnis zum Trainer. Ihm sollte der Trainer voll vertrauen und eine Spielzeit auf ihn setzen. Daher ist es heutzutage sehr wichtig zu erkennen, welche Art von Tormann zu welcher Spielidee passt. Hat der Trainer sich einmal für einen Tormann entschieden, sollte er auch die richtige Wahl getroffen haben. Ein Hin- und Herwechseln innerhalb einer Saison baut das Selbstbewusstsein beider Torhüter ab. In diesem Fall stärkt der Konkurrenzkampf die Torhüter nicht, sondern verunsichert sie. Auch hier kann der Trainer mit Unterstützung des Torwarttrainers und dem Mentalcoach die richtige Entscheidung treffen.

Ein guter Tormann kann eine Garantie für 5 bis 10 Punkte mehr auf der Haben-Seite während einer Saison sein.

Gerade Torhüter sollten sehr athletisch sein, daher ist ein gezieltes Krafttraining und Athletiktraining sehr von Vorteil.

Ein Tormann hat wesentlich mehr mentalen Druck als ein Feldspieler, da bei nur einem Fehler die Partie zu Ungunsten der eigenen Mannschaft entschieden werden kann. Daher sollte ein Mentaltrainer immer mit hinzugezogen werden. Man erkennt oft das Selbstvertrauen eines Torhüters anhand seiner Handlungen: Zum Beispiel läuft er jetzt raus um einen Ball (hohe Flanke/ flache scharfe Hereingabe) abzufangen oder bleibt er auf der Linie kleben. Diese Entscheidung ist eine reine Kopfsache und überwiegend abhängig von der mentalen Verfassung des Torhüters und des eigenen Zutrauens.

Ist der Tormann allerdings von einem Mentaltrainer langzeitstabilisiert worden, ruft er sein technisches Können automatisch aus dem Unterbewusstsein ab und trifft die richtige Entscheidung.

Voraussetzung ist, dass er die Abläufe, wie und wann er bei hohen bzw. flachen Flanken herauslaufen muss, tausendfach geübt hat. Der Erfolg hängt allerdings ausschließlich vom Kopfkino (der mentalen Verfassung) ab. Diese mentale Stärke, die ein Tormann noch mehr benötigt als jeder andere Spieler, sollte sich schon in jungen Jahren entwickeln. Hat der junge Spieler bereits mentale Betreuung und Unterstützung erhalten, sind seine Chancen, sich durchzusetzen, **80% höher** als ohne mentale Entwicklung (Ergebnis eigener statistische Auswertung über 8 Jahre).

Der Abwehrchef ist der dritte Schlüsselspieler einer Mannschaft. Er sollte der abgeklärteste, mentalstärkste und erfahrenste Spieler sein. Er sollte ruhig und sachlich spielen und seine Abwehr führen und dirigieren können. Er bildet mit dem Torhüter gemeinsam das Bollwerk der Abwehr, und er ist die entscheidende Person beim Spielaufbau oder beim Entschleunigen des Spiels.

Meistens bringt diese Art von Spielern von Natur aus ein starkes Selbstbewusstsein, Führungseigenschaft und Zweikampfhärte bzw. ein starkes Durchsetzungsvermögen mit.

Der Mannschaftskapitän wird in der Bundesliga meistens vom Trainer bestimmt und ist daher der verlängerte Arm des Trainers auf dem Platz. Dieser Schlüsselspieler wird meistens nicht nur vom Trainer voll respektiert, sondern auch von den meisten Spielern. Über ihn werden Änderungen im Spiel angesagt oder strategische Umstellungen eingeleitet. Er ist meistens sehr diszipliniert, erfahren und ist ein überdurchschnittlich guter Fußballer. Seine Ansagen werden von den Spielern ohne große Diskussionen problemlos und schnell umgesetzt.

Wir fassen zusammen:

Um ein wettbewerbsfähiges gutes Profiteam zu haben, benötigt eine Mannschaft mindestens:

- **einen Leitwolf – einer, der vorangeht**
- **einen Mannschaftskapitän, der von Trainer und Spielern gleichermaßen anerkannt wird**
- **einen Spielmacher (Regisseur), der die Spielidee des Trainers umsetzen kann**
- **einen Abwehrchef, der durch seine Erfahrung und Abgeklärtheit das Spiel von hinten heraus entwickelt**
- **einen Tormann, der auch unter Dauerdruck ruhig und gelassen seinen Job macht**

und im Verbund mit dem Abwehrchef die Abwehr zusammenhält
- **einen Mentaltrainer, der sich speziell um die Schlüsselspieler kümmert.**

Leider arbeiten die meisten Proficlubs nur mit einem Mentaltrainer zusammen. Das kommt daher, dass die Gewichtung des Trainingsaufbaus nach wie vor mehr auf Technik, Spielverständnis, Zweikampfhärte und Kondition gelegt wird. Durch eine zusätzliche Anstellung eines Psychologen denken die meisten Fußballclubs, dass der mentale Bereich sehr gut abgedeckt ist.

In Wirklichkeit sieht es anders aus. Ein Mentaltrainer kann sich täglich, je nach Methodik, höchstens um 3 bis 5 Spieler dauerhaft kümmern.

Das heißt bei einem Kader von 30 Spielern benötigt ein Club mindestens **6 Mentaltrainer, um alle Spieler optimal zu betreuen!**

Da das Geld eine große Rolle spielt, sollten die kleineren Club sich temporäre, externe Hilfe von selbstständigen Mentalcoaches holen, um bei Krisen unterstützend Hilfe zu haben – bevor der Supergau kommt – Abstieg – oder, noch schlimmer, Spieler bekommen ein Burnout oder fallen in Depressionen.

Menschlich ist dies ein Fiasko, aber auch finanziell verliert ein Club innerhalb eines Jahres Minimum 30 % vom Wert des Spielers, nur weil der

Club vorher an der falschen Stelle gespart hat oder sich nicht zu helfen wusste.

Daher ist es wichtig, zumindest die Trainingsmethodik nach meinem Vorschlag aufzubauen, um durch optimales Ausleseverfahren die mental starken Spieler weiter zu fördern und die talentierten mental schwachen Spieler optimal mental zu fördern, indem sie frühzeitig (nicht älter als 15 oder 16 Jahre!) einen Personal Mental Coach bekommen.

Mentaler Schulungsinhalt der 5 Schlüsselspieler

Jeder dieser Schlüsselspieler hat einen anderen Werdegang. Charakterlich unterscheiden sich diese Spieler ebenfalls. Des Weiteren sind ihre mentalen Fähigkeiten unterschiedlich und auch unterschiedlich zu entwickeln.

Daher nennt man das mentale Einzeltraining *Individualtraining* und ist auf jeden Spieler speziell zugeschnitten.

Bei einem **Tormann** wird die Konzentrationsfähigkeit vermehrt gestärkt, da er über eine volle Spielzeit hoch konzentriert sein sollte. Die beste Art, die Konzentration zu schärfen, ist spielerisch im Wettkampf. Hier bieten sich Bogenschießen, Boule und Schach an.

Eine weitere Konzentrationsübung wäre, in einem Hauptbahnhof (Großstadt) zur Rush-Hour, ein Buch zu lesen und hinterher komplett davon zu berichten, was man gelesen hat.

Weitere Übungen für Konzentration sind die SHAOLIN-Lehre, Tai-Chi, Judo, Chigong oder Autogenes Training.

Auch der MOMO-Effekt, wie kann ich mich entschleunigen und entspannen, ist eine Möglichkeit, die Konzentration hochzuhalten.

Ein Spielmacher sollte sehr gut antizipieren können, um überraschende Spielzüge blitzschnell einzuleiten und damit den Gegner zu überraschen. Voraussetzung ist, er hat die Spielanlage des Gegners vorher studiert.

Beispiel: Es wäre sinnlos, einen langen Ball auf einen kleinen wendigen Spieler hoch zu spielen, wenn dessen Gegenspieler einen Kopf größer ist – oder einen langen flachen (oder hohen) Ball zu spielen, wenn der gegnerische Abwehrspieler viel schneller ist als der eigene Außenstürmer.

Sehr oft werden diese Varianten gespielt, wenn eine Mannschaft keinen Plan B hat. Mit diesen Alibi-Pässen schiebt man, wie in unserem Beispiel, die Verantwortung einem Mitspieler zu, obwohl der keine Chance hat zu überzeugen. Diese Spielweise wird meistens bevorzugt, wenn man hinten liegt und der Gegner ein vorzügliches Pressing bis in den eigenen Strafraum hineinträgt.

Daher ist es gerade für Mittelfeldspieler wichtig, im Vorfeld gut vom Trainer auf die Spieler der gegnerischen Mannschaft eingestellt worden zu sein.

Wichtig ist es, dass der Trainer einen Plan B hat. Leider verfügen viele Trainer nicht über einen Plan B und spielen weiter stur ihr System, obwohl sie sehenden Auges in den Untergang gehen.

Diese Flexibilität mit einem Plan B ist auch sehr schwierig umzusetzen, da dafür ein anderes Spielsystem nötig ist und man dazu Spieler mit flexiblen Fähigkeiten benötigt (Allrounder) die während des Spiels in ein zweites Spielsystem wechseln können.

Daher sollte eine Mannschaft über viel Spielintelligenz verfügen, variabel verschiebbar sein, die halbe Mannschaft sollte auf verschiedenen Positionen spielen können und die Fertigkeiten (Technik, Spielverständnis) sollten von mindestens der Hälfte der Mannschaft überdurchschnittlich sein.

Deshalb benötigt ein Spielmacher mindestens vier bis fünf technisch versierte Mitspieler, die gedanklich ebenso fit sind wie er selbst und mit denen er auch mental verschmelzen kann.

Kapitel 6 – Mentales Gruppencoaching

Was bedeutet mentales Verschmelzen von Gruppen?

Mentales Gruppen- oder Mannschaftstraining ist in der Regel die Kernaufgabe des Mentaltrainers einer Profimannschaft. Gerade junge Erwachsenen (18 bis 23 Jahre) müssen lernen, mental miteinander zu verschmelzen. Um dies zu erreichen, sollte der Mentaltrainer folgendermaßen vorgehen: In Absprache mit dem Trainer werden Mannschaftsteile, die nebeneinander spielen, als Gruppe definiert. Beispiele der Zusammenstellung:

I. Tormann – Außenverteidiger – Innenverteidiger – defensiver Mittelfeldspieler

II. defensive Mittelfeldspieler – offensive Mittelfeldspieler

III. nur die Abwehr mit Tormann oder ohne Tormann

IV. offensive Mittelfeldspieler und Sturmspitzen (Stürmer)

Nachdem der Trainer die Taktik und die Spielidee gelehrt hat, findet das dazugehörige Mentaltraining in der Gruppe statt.

Nehmen wir Beispiel I

Der Mentaltrainer geht mit den Spielern in einen separaten Raum und leitet Themen ein:

a) Charakter

- der Tormann beschreibt den Charakter seines Abwehrchefs. Dieser korrigiert die Beschreibung, was nach seiner Ansicht richtig oder falsch ist. Der Mentaltrainer zeichnet diese Ansichten auf.
- Der rechte Außenverteidiger beschreibt den Charakter seines Tormanns. Der korrigiert die Beschreibung, was nach seiner Ansicht richtig oder falsch ist. Wieder zeichnet der Mentaltrainer alles auf.

Das Ganze wird fortgeführt, bis alle Spieler charakterlich bewertet wurden.

b) Fußballerische Fähigkeiten

Danach werden die fußballerischen Fähigkeiten gegenseitig beschrieben bzw. vom betroffenen Spieler verbessert. Auch hier zeichnet der Mentaltrainer auf.

c) Schwächen

Auch dieses heikle Thema sollte positiv in guter Atmosphäre angesprochen werden. Die Schwächen gehören genauso wie die Stärken zu einem Profi. Es wird wieder vom Trainer aufgezeichnet und vom Betroffenen verbessert.

d) Stärken

Gleiches Verfahren wie bei a bis c. Danach erfolgt die Auswertung des Mentaltrainers mit dem ganzen Trainerteam, damit alle denselben Stand haben. Federführend ist hier aber der Mentaltrainer und **nicht der Cheftrainer**.

Aus den Ergebnissen wird für jeden Spieler ein Spielerprofil erstellt.

e) Einzelgespräche

Das Spielerprofil wird dem Spieler jeweils persönlich vorgestellt. Manche werden überrascht sein, wie weit ihre Eigendarstellung von der Realität entfernt ist. Es ist nun die Kunst des Mentaltrainers, dem Spieler die eigenen Unzulänglichkeiten so rüberzubringen, dass er dies als Lernpotenzial anerkennt und es annimmt und verinnerlicht.

Er wird sich zuerst wehren, sich verletzt und bloßgestellt fühlen, falls seine Eigendarstellung weit von der Wirklichkeit entfernt ist.

In diesem Moment ist es wichtig, dass der Trainer ihn auffängt. Am besten indem er seine Stärken hervorhebt und auch fördert.

Nachdem alle Einzelgespräche geführt wurden, geht es zurück in das Gruppengespräch.

f) Gruppengespräch mit Eigendynamik

Das Thema des Gruppengespräches ist in dieser Phase für jeden Spieler, wie ihn der Mitspieler richtig sieht. Daher sollte jeder Spieler nun über sein eigenes Potenzial sprechen, und wenn er es schafft, auch über seine Schwächen und wie er sie in den Griff bekommen will.

Als Anstoß wird der Mentaltrainer die Problematik erklären und dann erfragen, wer wem helfen kann oder eine Idee hat, wie ein Mitspieler an seinen Schwachpunkten arbeiten kann und dadurch sein eigenes Spielniveau verbessert.

Danach protokolliert der Mentaltrainer nur und der Mannschaftsteil versucht sich selbst zu helfen. Damit wurde eine Gruppendynamik ins Leben gerufen und die Spieler werden sich gegenseitig helfen, da ja plötzlich auffällt, dass jeder Schwächen hat! ...

Nebeneffekt: Die Kameradschaft wird gefördert – das Vertrauen wächst – die Geborgenheit in dieser kleinen Gruppe wird sich verbessern.

g) Wie tickt der andere?

Durch das Erkennen der gegenseitigen Schwachstellen werden die Spieler alle darauf achten, dass vor allem die Stärken der kleinen Gemeinschaft zum Tragen kommen. Beispiel: Ein kopfballstarker Abwehrspieler hat Probleme beim Herunterholen eines scharfen halbhohen Balles, weil ihm die nötige Technik abgeht, das weiß nun der Mitspieler, also spielt er ihn flach an – oder hoch. Dies führt zu Spielverständnis untereinander und zur Fehlervermeidung. Die Grundlage der gedanklichen Verschmelzung ist erreicht.

h) Was denkt mein Nebenmann, was in welcher Spielsituation zu tun ist?

Durch die Anerkennung seiner eigenen Schwächen und das Bewusstsein seiner Stärken kann der junge Spieler nun mehr auf seinen Nebenmann achten und erkennt dessen Probleme im Ansatz und kann helfend eingreifen bzw. da er die Spielweise und die Fähigkeiten seiner Mitspieler verinnerlicht, weiß er genau, wen er in welcher Situation wie bzw. nicht anspielen kann. Dies führt zu einer erheblichen Verminderung von Fehlerquellen im Spiel.

Die Gruppensitzung sollen neben der praktischen Anleitung auf dem Platz regelmäßig 3 bis 4 Mal in der Woche stattfinden. Das Ergebnis sollte sein, dass die Jungs sich blind auf dem Platz und neben dem Platz verstehen. Sie sind mental miteinander verschmolzen und bilden einen selbstbewussten Block im Verein und auf dem Rasen. Sie entwickeln sich immer weiter, falls der Mentalcoach die richtigen Ansätze vorgibt.

Falls diese kontinuierliche mentale Stärke alle Gruppen erfahren, muss man im letzten Schritt nur noch die Verschmelzung der einzelnen Gruppen miteinander koordinieren.

Kapitel 7 – Mentales Mannschaftscoaching

Bei durchschnittlich 30 Spielern im Kader einer Bundesligamannschaft sollte der Mentaltrainer nunmehr die einzelnen Gruppen in den Schnittstellen miteinander verbinden. Ausschlaggebend war im Vorfeld die Zusammenstellung der einzelnen Gruppen.

Schnittstellen, die nun miteinander zu koordinieren sind.:

Torwart – Verteidigung
Verteidigung – Mittelfeld
Mittelfeld – Sturm

Die Schnittstellen müssen nun ebenfalls durch einstudierte Taktik (zum Beispiel linker Verteidiger bewegt sich nach Ballbesitz des Tormanns gleichzeitig mit rechtem Verteidiger ganz schnell nach außen – so hat der Tormann bei hohem Pressing die Möglichkeit, 2 Spieler anzuspielen) geschlossen werden, sodass zwischen den einzelnen Mannschaftsteilen die **räumlichen (noch mentalen) Lücken den Spielfluss nicht mehr bremsen oder unterbrechen**.

Das Ganze in der Praxis bis zur Vollendung zu praktizieren, macht den Unterschied zwischen sehr guten Mannschaften und dem Durchschnitt aus.

Immer wieder müssen Spielzüge von hinten über die Eröffnung zur Verteilerstation (Spielmacher, Mittelfeld) und dann in die Spitze mit angepassten Spielvarianten geübt und verbessert werden, bis die Spieler die Abläufe im Schlaf abrufen können.

Eine Mannschaft sollte mindestens über 4 verschiedene Spielvarianten im **Aufbau verfügen.**

1. **Tiki-Taka (Ballbesitzfußball)** ist wohl die schwierigste Spielform, weil der Ball in den eigenen Reihen läuft, ohne dass der Gegner die Chance hat, ihn zu bekommen. Der Gegner rennt sich beim Versuch den Ball zurückzuerobern die Hacken wund. Irgendwann wird der Gegner müde, dann erkennen die **Tiki-Taka-Spieler** die Lücken und erzielen ihre Tore. Das Ganze ist ein Geduldsspiel und verlangt absolutes Spielverständnis und Harmonie untereinander. Die Basis ist ein hohes technisches Niveau und Spielverständnis jedes einzelnen Spielers. Erfolgreich angewendet von dem spanischen Weltmeister (2010).

Benötigte mentale Stärken:

Die ganze Mannschaft hat eine Siegermentalität. Die einzelnen Spieler sind hochintelligent und antizipieren in Sekundenbruchteilen neue Spielsituationen. Die komplette Elf kennt sich gegenseitig so gut, dass jeder jeden in jeder Situation so anspielen kann, dass der Ball in den eigenen Reihen bleibt. Das Gemeinschaftsgefühl ist überdurchschnittlich ausgeprägt, und der absolute Wille zu siegen ist elementar vorhanden. Auch ein Gegentor forciert und treibt diese Elf an, statt sie zu verunsichern. Selbstbewusstsein und Selbstsicherheit ist von Jugend auf so stark ausgebildet und ausgeprägt worden, dass mentale Krisen nur bei schweren Verletzungen und privaten Schicksalsschlägen zu Formverlust führen können.

2. Das **Pressing-System (Konterfußball ohne hohe Ballbesitzkontrolle)** ist das körperlich anspruchsvollste System. die ganze Mannschaft verschiebt ihre Aktionen nach vorne, weit ins gegnerische Spielfeld (bei einem perfekten Pressing greifen die Stürmer bereits am Strafraum des Gegners bei der Verteilung des Balles durch den Torhüter an). Die Kondition der Spieler muss durch das stetige Anrennen auf den Ballführenden und die möglichen Spielstationen sehr groß sein. Wird der Ball erobert, kann durch einen perfekten Konterfußball schnell ein Tor erzielt werden. Diese Form des Spielsystems ist bei voller Konzentration 60 bis 70 Minuten auf höchstem Level zu kontrollieren. Danach wird der Kraftverlust bei einigen Spielern spürbar zu sehen sein. Jetzt muss der Trainer das richtige Fingerspitzengefühl haben, wie er weitermacht. Hat er auf der Bank 3 Spieler, die die müden Spieler annähernd gleichwertig ersetzen, kann er das System noch einmal

forcieren. Falls nicht, sollte er seine Taktik ändern. Bei Führung die Defensive verstärken. Dies sollte er mit Spielern machen, die einen Ball halten und sichern können und sehr robust und zweikampfstark sind. Sollte der Trainer diese Ergänzungsspieler mit hoher Qualität nicht haben, wird die Mannschaft, falls sie nicht führt, dem hohen Anfangstempo Tribut zollen. Die Konzentration nach 70 Minuten lässt immer mehr nach und der Gegner kommt zu Chancen. Ende offen.

Benötige mentale Stärken:
Die ganze Mannschaft sollte körperlich (Ausdauer und Fitness) in einem Topp-Zustand sein. Jeder muss den richtigen Moment finden, wer beim Pressing welchen gegnerischen Spieler anläuft. Das setzt hohes taktischen Verständnis voraus. Dies kann im Training geübt werden – ausschlaggebend ist es aber, das Spiel des Gegners lesen zu können (zum Beispiel spielt der linke Abwehrspieler am liebsten den linken Außenstürmer an – dieses Spielmuster sollte der rechte Verteidiger schnell durchschauen und erfolgreich mit einem defensiven Mittelfeldspieler zerstören). Hier kann der Trainer im Spiel schlecht eingreifen und daher ist das Antizipieren des Gegners beim Spielaufbau der Schlüssel zum Erfolg. Bereits in der Vorbereitung des Spiels sollten durch Videoanalysen die Passwege und Laufwege jedes einzelnen Gegen-

spielers verinnerlicht werden. Klappt dies, wird das Spiel innerhalb der ersten 70 Minuten gewonnen. Danach wird der Substanzverlust durch das stetige Pressing spürbar und es sollten 3 frische Kräfte eingewechselt werden. Hier gibt es 2 Möglichkeiten – entweder man macht hinten dicht oder man ersetzt 1:1 und spielt dieselbe Taktik bis zum Schluss. Hier muss der Trainer richtig abwägen, welches Spielermaterial er noch zur Verfügung hat, um erfolgreich die letzen 20 Minuten zu überstehen, da er nach wie vor 7 müde Feldspieler im Einsatz hat. Bei dieser Spieltaktik sollten alle Spieler an und über ihre Grenzen gehen können, um erfolgreich zu sein. Förderlich ist, wenn in der Mannschaft mindesten 2 Leitwölfe immer wieder vorangehen.

3. **Angriffsfußball (Risikofußball mit wenig Absicherung nach hinten)** ist am schönsten anzusehen, da hier von spielerischer Taktik nicht viel zu sehen ist. Mannschaften, die kompromisslosen Angriffsfußball zelebrieren, wie zum Beispiel zur Zeit der SC Paderborn mit Trainer Baumgart, gehen sehr hohes Risiko ein. Die Abwehr besteht praktisch nur aus den beiden Innenverteidigern und dem Tormann und sogar die stehen oft an der Mittellinie und treiben das Spiel nach vorne mit an. Die Außenverteidiger sind eigentlich Außenstürmer. Die defensiven Mittel-

feldspieler sind offensiv ausgerichtet, die offensiven Mittelfeldspieler sind ebenfalls reine Stürmer. Diese Spielweise verlangt von den Spielern eine hohe Kombinationssicherheit und Torgefährlichkeit. Um hier erfolgreich zu sein, muss bei Kontern des Gegners das Umschaltspiel nach hinten sehr schnell und geordnet funktionieren. Hat eine Mannschaft hier keine schnellen und zweikampfstarken Spieler, erhält sie die Quittung und verliert das Spiel. Spielabläufe des Gegners müssen im Vorfeld klar studiert werden, um dann bei schnellem Umschalten bei der Rückwärtsbewegung den Gegner so zu stören, dass er nicht zum Abschluss kommt. Dieses System ist das schwierigste, weil alle Spieler laufend in Bewegung sein müssen, eine gute Spielübersicht haben sollten, zweikampfstark und technisch gut sein müssen sowie eine Torgefährlichkeit von 8 Spielern vorhanden sein muss, damit die Mannschaft nicht ausrechenbar ist und der Gegner sich nicht auf einzelne Spieler fokussieren kann. Bei dieser Art zu spielen muss eine Mannschaft viele Wege und hohes Risiko gehen, technisch gut ausgebildet und sehr torgefährlich sein. Dazu kommt, dass sie über hohes Selbstbewusstsein verfügen muss, um dem Gegner ihr Spiel aufdrängen zu können. Mental sollte die Mannschaft auch bei Rückständen an sich und an ihr System glauben, um zurückzukommen. Diese Spielart kostet am meisten Kraft, da die Mannschaft immer wieder anrennt, um zum Erfolg zu kommen. Nachteil: Einen Plan B gibt es bei dieser Spielweise nicht. Falls also der Gegner ein Gegenrezept hat, wird das Spiel fast immer verloren, da eine Umstellung auf ein anderes Spielsystem nicht funktioniert.

Benötigte mentale Stärken:
Dieser Harakiri-Fußball macht den Spielern am meisten Spaß. Hier gibt es kein taktisches Geplänkel, da jeder stürmt und jeder ein Tor schießen möchte. Der Charakter der Mannschaft ist rein auf Tore erzielen ausgelegt. Auch die Abwehrspieler müssen/sollten fähig sein, Tore zu erzielen. Der Torwart muss sehr häufig Libero und letzter Mann spielen und auch für einen schnellen Aufbau sorgen. Die Spieler haben durch den Trainer das Sieger-Gen und den unbedingten Willen eingepflanzt bekommen, immer nach vorne zu marschieren, egal, ob sie führen oder nicht. Daher ist der Spielstand, bevor die 90 Minuten rum sind, für die Spieler nur eine Bestandsaufnahme. Einen Plan B hat der Trainer nicht, da er generell nur diese Form des Spiels anwendet. Die Spieler sind so von sich überzeugt, dass sie mit ihrer Angriffspower auch bei Rückstand jedes Spiel drehen können und vom Trainer dementsprechend angeheizt werden. Alle Spieler sind immer in Bewegung und verschieben nach vorne.

Die Rückwärtsbewegung ist die Achillesferse, da 8 von 11 Spielern auf Angriffsfußball eingestellt wurden. Um erfolgreich zu sein, sollten bei der Rückwärtsbewegung schnelle und zweikampfstarke Spieler vorhanden sein, sonst ist das Spielsystem ein Roulette-Spiel – Ausgang immer offen.

4. **Defensivfußball (wenig Risiko, versuchen mit einem Torerfolg zu gewinnen)** spielen meistens Mannschaften, die keine Durchschlagskraft im Sturm haben oder nur einen qualitativ hochwertigen Stürmer, der wenig Chancen braucht, um zum Torerfolg zu kommen. Gleichzeitig verfügt diese Art von Mannschaft über einen sehr guten Tormann und eine starke Abwehr sowie ein starkes defensives Mittelfeld. Diese Mannschaften scheuen das Risiko, reagieren lieber im Spiel, statt zu agieren, und lauern auf die Fehler des Gegners, um dann mit einem Tor die Punkte zu stehlen. Sie verfügen meistens über ein gutes TEAMBUILDING, haben aber keine Spieler mit individueller Klasse, um ein starkes Angriffsspiel aufzuziehen. Diese Mannschaften, die dieses Spielsystem verinnerlicht haben, sind auch von Klassemannschaften schwer zu schlagen, da sie ihr Spielsystem immer beibehalten. Sie spielen auch immer mit denselben 11 Spielern, da ihre Abläufe miteinander verschmolzen sind, das heißt, jeder weiß schon vorher, wohin sein Mitspieler den Ball hin-

passt und kann dementsprechend reagieren. Diese Abläufe sind im Unterbewusstsein automatisiert worden und dadurch perfekt einstudiert. Folge davon: Es passieren so gut wie keine Missverständnisse beim Spielverständnis innerhalb der Mannschaft. Ein gutes Beispiel hierfür ist der SC Freiburg (Saison 2019/2020.) Nachteil bei diesem System: Lässt der Gegner seine Chancen nicht aus, verliert das defensive Team immer. Spielablauf: Die defensive Mannschaft überlässt dem Gegner das halbe Spielfeld und greift erst in der eigenen Hälfte den Ballführenden an. Gespielt wird mit nur einem Mittelstürmer und einem offensiven Mittelfeldspieler, alle anderen Mannschaftsteile sind defensiv ausgerichtet. In der Abwehr stehen sehr kopfballstarke und zweikampfstarke Hünen, die zusätzlich über genügend Ballsicherheit verfügen und damit den Torhüter beim Abfangen von Flanken so stark unterstützen, dass kaum Torgefahr besteht. Dieses Abwehrbollwerk ist die Basis für den Erfolg.

Benötigte mentale Stärken:

Bei diesem Spielsystem ist der mentale Druck auf jeden einzelnen Spieler sehr stark, da sie durch mangelnde individuelle Klasse das Spiel durch Zweikampfstärke, Willensstärke, hohe Laufbereitschaft und Topp-Kondition gewinnen wollen. Der Torwart hat dabei den stärksten mentalen Druck, da er dauernd unter Beschuss ist und jeder Fehler zur Niederlage führen kann. Er ist oft der beste Spieler der Mannschaft, da er individuell keine Schwächen hat. Er ist der Leitwolf, der Fels in der Brandung, der reihenweise Flanken sicher abfängt und Schüsse entschärft. Dazu hat er eine positive Aura und vermittelt den Mitspielern, dass er nicht überwindbar ist. Diese Motivation und Ausstrahlung hat auch der Abwehrchef, der alle Bälle wegköpft, weggrätscht bzw. wegschlägt, was sein Torhüter nicht erreichen kann. Ähnlich stark müssen die Außen- und Innenverteidiger sein, um bestehen zu können. Diese mentale Stärke haben die Spieler, weil sie auch privat eng befreundet sind und ein absolutes Wir-Gefühl ausstrahlen und leben. Auch alle anderen Spieler beißen und kratzen und kämpfen, bis sie total erschöpft nicht mehr können. Der 3. absolute Schlüsselspieler dieser Mannschaft ist der Torjäger, der aus einer halben Chance ein Tor machen kann – den man das ganze Spiel vorne nicht bemerkt – der aber im entscheidenden Moment das wichtige Tor macht. Dieser Topstürmer ist 100 Prozent konzentriert bis zur letzten Minute des Spiels, um erfolgreich abzuschießen. Er ist von Anfang bis Ende davon überzeugt, dass er sein Tor macht. Auch die Spielabläufe bei Kontern sind absolut auf ihn **und nur auf ihn einstudiert worden.** Steht hinten die Abwehr, ist die Chance groß, das Spiel zu gewinnen bzw. einen Punkt mitzunehmen. Diese 3 Schlüsselspieler werden bevorzugt mental betreut – auch die mentale Gruppenbetreuung findet intensiver bei der Mannschaft statt als bei anderen Spieltaktiken. Der Nachteil ist, dass es hier keinen Plan B gibt, knackt der Gegner das System, verliert die Mannschaft, da die menschlichen Ressourcen (Spieler) für einen Plan B nicht vorhanden sind.

Kapitel 8 – Mentale Trainingslehre wichtiger Bestandteil eines Fußballlehrers/-trainers

Leider wird oft viel zu wenig überprüft, ob ein Trainer überhaupt fähig ist, eine Mannschaft mental weiterzuentwickeln. Falls eine Mannschaft durch ihre fußballerischen Fähigkeiten über eine Zeitspanne Erfolg hat, heißt das lange nicht, dass sie mental stabil ist, um Krisen zu überwinden.

Kommt so eine Krise, ist außer dem Mentaltrainer auch der Cheftrainer mental gefordert. Er ist der Leitwolf und sollte die richtigen Zeichen setzen. Die meisten Trainer sind dementsprechend nicht genügend ausgebildet bzw. sie haben von Natur aus nur schwache mentale Führungsfähigkeiten.

Daher sollten diese Trainer einen Personal Mental Coach haben, dem sie voll vertrauen können. Er wird den Trainer dann direkt mental beraten, ein Teil seines Führungsteams sein und ihn mental weiterentwickeln – und ihn damit zurück zum Erfolg führen.

Dies ist für viele Trainer, die ein ausgeprägtes Selbstbewusstsein haben, sehr schwer, da sie der Meinung sind, sie geben Verantwortung ab oder sie zeigen Schwäche. Das Gegenteil ist der Fall – durch diese Einsicht entwickeln sie sich menschlich wie beruflich weiter und steigen in die nächste Dekade auf.

Als Testphase kann ein Cheftrainer einen Mentalcoach für sich persönlich für ein Projekt buchen und überprüfen, ob er mit ihm arbeiten kann.

Kapitel 9 – die fehlenden Strukturen des DFB im mentalen Aufbau der Trainer und Spieler

Der deutsche Fußballbund ist der größte Dachverband der Welt und daher nicht sehr beweglich bei notwendigen Veränderungen in der Spielkultur im deutschen Fußball. Man setzt ein schönes Gesicht (Oliver Bierhoff) als Sportdirektor ein und gibt ihm dann eine Spielwiese, um das Volk nach der blamablen WM 2018 zu beruhigen bzw. zu begeistern. Der beginnt sofort, neue Strukturen und Leistungszentren zu planen und umzusetzen. Aber wer kontrolliert die Sinnigkeit seines Schaffens?

Ist es vielleicht nicht wichtiger, Achtsamkeit, Ethik, Ehrlichkeit, Moral, Fairness, Nächstenliebe, Eigenliebe, Selbstkritik in dem Unterbau des DFB, U12, U14, U23, zu lehren, damit hier junge starke Menschen ausgebildet werden, die sich nicht schreiend am Boden wälzen, obwohl sie überhaupt nicht getroffen worden sind oder nach Schiedsrichternachfrage zugeben, den Ball als letzter berührt zu haben? Oder muss ich nachschlagen, wenn ich von einem Gegner im Zweikampf getroffen wurde? Muss ich als Verteidiger einen Gegner kaputttreten, wenn ich mit ihm fußballerisch nicht fertig werde? Wie weit folge ich dem Trainer, ohne mein Wesen negativ zu verändern? Warum wird auf Fairness so wenig geachtet? Wo ist die Ethik geblieben? Muss ich dem Erfolg wirklich kompromisslos *alles* unterordnen?

Um diesen Werteverfall sollte sich der DFB viel mehr kümmern und dafür sorgen, dass junge Spieler mit guten Ansätzen und menschlich hohem Niveau und Ethikanspruch Fußball spielen.

Auch dauerndes Spucken auf dem Platz oder Körperverletzung sollte hart bestraft werden.

Hier sollte der DFB anfangen, die Ausbildung der jungen Spieler und Trainer zu verbessern und seine Vorgaben klar definieren. In meinem Buch gibt es dafür viele Ansätze, die nur umgesetzt werden müssten.

Ein früherer Fußballstar muss in keinster Weise ein guter Trainer sein, im Gegenteil, oft fehlt es an Menschenerfahrung, mentalem Einfühlungsvermögen und psychologischem Grundlagenwissen.

Kapitel 10 – Nachwort

Mit diesem Buch möchte ich alle Menschen, die eine Funktion in einem Verein haben, alle Profi-Spieler oder Spieler, die Profi werden wollen, sowie Sporthochschulen und nicht zuletzt den DFB, der seine Werte wieder richtig gewichten sollte, erreichen.

Ein schönes Gesicht als Sportdirektor ist nur gut für die Werbung und Vermarktung und ein smarter eleganter Trainer auf einem Plakat verändert bei weitem nicht die Spielkultur im deutschen Fußball.

Dazu kommt viel Arroganz und Selbstgefälligkeit die den deutschen Fußball nur schaden.

Der DFB sollte hier mit gutem Beispiel vorangehen. Bescheidene Trainer wie Berti Vogts, Helmut Schön oder heute ein Trainer wie Klopp wären hier gute Lösungen. Als Sportdirektor ein Mehmet Scholl oder später ein Mats Hummels wären gute Alternativen zum derzeitigen selbstverliebten Personal.

Die Vorbildfunktion ist unendlich wichtig, daher habe ich am Anfang meines Buches Legenden aufgezeigt, die für Ethik, Moral und deutsche Tugenden eingetreten sind. Es ist wichtig, bei diesen superguten Spielern, die aber auch Menschen mit Einfühlungsvermögen, Herz, Menschenkenntnis und Fürsorge sind, das tatsächliche Potenzial abzurufen und dabei nicht zu übersteuern. Genauso wichtig ist es ab und zu beruhigend und bremsend auf die jungen Spieler einzuwirken.

Liebe Vereinspräsidenten, Trainer und Manager, wie würdet ihr euch fühlen, wenn ihr beim ersten Fehler gefeuert oder auf das Abstellgleis gestellt werden würdet?

Mit meinem Buch möchte ich ferner erreichen, dass die jungen Profis mental so stabil werden, dass sie in dem Haifischbecken Bundesliga während ihrer Karriere ohne mentalen Schaden gut leben und gleichzeitig lange erfolgreich, gesund und glücklich ihren herrlichen Beruf ausführen können.

Ferner möchte ich erreichen, dass die Trainer und Manager nicht nur auf das Ergebnis schauen, sondern ihre Spieler wie Menschen und nicht wie Ressourcen behandeln.

Ebenfalls würde ich mich über Spielerberater freuen, die ihre Klienten schützen und nicht verheizen, nur um an mehr Geld zu kommen. Weniger Geld verdienen, aber glücklich Fußball zu spielen, ist oft besser als viel Zeit auf der Ersatzbank mit mehr Geld auf dem Konto, aber ohne Spaß zu verbringen.

Ethik, Feingefühl, Anständigkeit und Moral sollten auch ein Teil des Fußballs bleiben.

Daher lasst uns den Spaß am Fußball wieder in den Vordergrund rücken. Dies geht nur gemeinsam mit den Eltern der Spieler, den Spielern, den Trainern, den Managern, dem Vorstand und den Vereinen.

Ihr Rainer Schimmel